힘내라는 말보다
힘이 나는
말이 있다

TATTA 1PUN DE AITE WO YARUKI NI SASERU
WAJUTSU PEP TALK

Copyright © Daisuke Urakami 2017
Korean translation rights arranged with
FOREST Publishing Co., Ltd.
through Korea Copyright Center, Inc., Seoul

이 책은 (주)한국저작권센터(KCC)를 통한
저작권자와의 독점계약으로
도서출판 갈매나무에서 출간되었습니다.
저작권법에 의해 한국 내에서 보호를 받는 저작물이므로
무단전재와 복제를 금합니다.

힘내라는 말보다 힘이 나는 말이 있다

내가 어떤 말을 해주면 힘이 날까?

우라카미 다이스케 지음 | 박재영 옮김

갈매나무

Contents

4부 _ 대화 연습

사람들이 용기를 얻는 말은 저마다 다르다

: 상대의 마음 상태에 맞춰 말을 거는 연습

어떻게 격려해야 할지 몰라
당황한 적 없나요?

격려를 받은 적은 있지만

내가 격려하는 입장이 된다면?

당신에게 아끼는 부하 직원이 있다고 해보자. 그가 6개월 동안 열심히 구상한 신규 사업에 대해서 임원회의 때 프레젠테이션을 하게 되었다. 사장님은 하루에 100건이 넘는 안건을 연달아 결재할 정도로 업계에서도 유명한 실력자다. 그런 사장님에게 인정받으면 발탁되지만 인정받지 못하면 지금까지의 노력이 물거품이 되고 만다. 부하 직원은 회의실 앞 복도에 있는 의자에 앉아서 차례를 기다리고 있다. 잘해야 한다는 부담감과 긴장감이 극에 달해서 손이 떨리고 얼굴이 점점 창백해진다.

당신이라면 이런 상황에서 어떤 말로 격려하겠는가? 지금까지 당신은 그의 생각을 듣고 조언해주며 함께 사업 기획안을 구상했다. 당신은 그의 대학 선배이기도 해서 부하 직원이 때때로 아이디어가 정리되지 않아 속상해하면 옆에서 위로해주기도 했다. 드디어 프레젠테이션 날, 당신은 진심으로 그가 성공하기를 바란다. 그래서 최고의 프레젠테이션을 할 수 있도록 응원해줘야겠다는 마음에 이런 식으로 말한다.

"오늘은 중요한 프레젠테이션이니 힘내!"

매우 직설적인 격려 방법이다. 어쩌면 부하 직원이 믿고 의지하는 상사인 당신의 말 한 마디에 용기를 얻고 긴장에서 벗어날 수도 있다. 지금 할 수 있는 일에 최선을 다하는 것이 중요하다는 생각을 하며 "네, 열심히 하겠습니다!"라고 대답할지도 모른다.

하지만 반대로 지금까지 믿고 따라온 상사가 자신의 심정을 전혀 이해해주지 못한다며 낙담할지도 모른다. 그 결과 의욕과 자신감을 잃고 "이미 충분히 열심히 했는데도 자신이 없는걸요"라고 말할 수도 있다. 똑같은 말이라도 상대방의 성격이나 처한 상황, 그때의 마음 상태가 달라서 저마다 다르게 받아들이기 때문이다.

그럼 이럴 때 어떤 말로 격려하는 깃이 징답일까?

이번에는 당신과 오랫동안 사이좋게 지내는 친구가 있다고 하자. 6개월 전에 드디어 애인이 생겼다고 기뻐하며 알려줬는데, 바로 얼마 전에 싸워서 헤어졌다고 한다. 친구는 좀처럼 평정심을 회복할 수 없을 정도로 우울해하고 있다. 카페로 만나러 갔더니 풀이 죽어서 어깨가 축 처진 상태로 눈물을 글썽거리고 있다. 당신은 그녀가 실연에서 빨리 회복하기를 바란다. 이때 어떤 말로 격려하겠는가?

실연은 두말할 것도 없이 괴로운 일이다. 하지만 흔히 '세상의 절반은 남자'라고들 하지 않는가. 더구나 그녀는 아직 젊고 매력이 넘친다. 그래서 당신은 이런 식으로 친구를 위로한다.

"괜찮아. 다음에는 더 좋은 남자를 만날 수 있을 거야."

상대를 위로하는 동시에 희망을 일깨워주는 격려 방법이다. 친구는 이 말 한 마디에 지금 카페 안에도 멋진 남성이 많고 창밖을 봐도 호감 가는 남성이 있다는 것을 깨닫게 될 수도 있다. 그리고 마음을 바꿔서 "네 말이 맞아. 다른 좋은 사람을 찾아야지"라고 말할지도 모른다.

반대로 헤어진 애인과의 즐거웠던 나날을 떠올릴 수도 있다. 그리고 당신이 자신에게 전혀 공감해주지 않는다며 "뭐가 괜찮다는 거야? 나는 우울해 죽겠는데 너무 무책임한 말 아니야?"라고 화를 낼지도 모른다.

우리에게는 직장(동료나 부하 직원)에서든 일상생활(가족이나 친구)에서든 남을 격려해야 할 때가 있다. 그런데 잘되라고 한 말이 상대방의 의욕을 불러일으키기는커녕 기를 꺾거나 화나게 만들기도 한다.

격려하는 것이 이처럼 어려운 이유는 무엇일까? 우리가 격려하는 방법을 배운 적이 없기 때문이다. 지금까지 학교 교육을 받으면서 격려하는 방법을 배운 적이 있는가? 사회인이 된 후에도 마찬가지다. 회사 연수나 직원 교육에서 남을 격려하는 방법을 알려준 적이 있는가?

이처럼 방법을 몰라서 사람들은 좋든 나쁘든 자신에게 영향을 준 사람의 격려 방식을 따라 하는 경우가 많다. 그러다 보니 격려 방식도 제각각이다. 상대의 마음을 달래주며 장점을 칭찬해주는 스타일이 있는가 하면, 단점을 매섭게 지적하며 개선 방향을 알려주는 스타일도 있다. 결과적으로 사람들은 자신이 격려 받은 경험을 토대로 자기 나름의 방식을 만들어 상대방을 격려하게 된다.

이는 곧 어떻게 해야 효과적으로 격려할 수 있는지를 아는 사람이 상당히 드물다는 의미이기도 하다. 그렇기에 나는 이 책을 통해 여러분에게 알려주고 싶다. 스포츠계에서 탄생한 후 일상적으로 널리 쓰이게 된 최고의 방법, 상대방을 격려하여 단 '1분' 만에 마음에 불을 붙여주는 대화 비법을 말이다.

기회를 기적으로 만들어주는 한 마디 말
.

서양 사람들을 보면 격려를 자연스럽게 잘하고 남을 기분 좋게 하는 능력이 뛰어나다는 인상을 받지 않는가? 예전에 스키를 배우면서 미국이나 뉴질랜드에서 온 외국인 강사와 함께 탈 때가 많았다. 그런데 그들은 내가 급경사면을 내려가기 전에 잔뜩 긴장하면 어깨를 살며시 두드려주며 "침착해요! 당신이라면 할 수 있어요!"라고 격려해주는 데 전혀 망설임이 없었다. 헤어질 때는 웃는 얼굴로 "좋은 하루 보내요!"라며 단순하지만 힘이 나는 말을 해주기도 했다.

스포츠 강국 미국에서는 '격려하는 기술'이 확립되어 있다. 이 기술을 가리켜 '펩 토크pep talk'라고 부른다. 스포츠 드라마나 영화를 보면 시합 전 라커 룸이나 경기장에서 감독이 선수들을 격려하는 장면이 나오지 않는가? 펩 토크는 원래 스포츠 시합 전에 격려하기 위한 코칭 기술이다. 펩pep이란 영어로 '생기, 활력'이라는 뜻이며, 펩 토크란 라커 룸에서 시합을 앞두고 긴장한 선수들을 향해 감독이나 코치가 마음에 불을 붙이는 말을 건네는 것을 말한다.

경쟁이 치열한 스포츠 현장에서 선수들이 몸을 단련하듯이, 감독이나 코치는 선수의 마음에 불을 붙여서 의욕을 불러일으킬 수 있는 말의 힘을 갈고닦는다. 실전을 앞둔 선수들에게 어떤 말을 하면 좋을지 그들의 입장에서 깊이 고민하는 것이다.

실제로 펩 토크의 본고장 미국에는 펩 토크 인기 순위 사이트까지 있을 정도다. 여기서 어느 영화의 펩 토크가 훌륭한지 순위를 겨루는데, 그중 〈미라클 Miracle〉이라는 영화의 펩 토크가 가장 인기 있다. 〈미라클〉은 1980년 미국에서 열린 레이크플래시드 동계 올림픽에 출전한 아이스하키 팀의 실화를 바탕으로 만들어진 작품이다.

올림픽 결승 라운드에서 대회 4연패 중인 무적의 소련 팀(현 러시아)에 맞서 미국 국가대표 팀이 도전한다. 미국 팀에게는 하류 팀에서 국가대표가 되기까지

고된 훈련을 거듭한 끝에 얻어낸 중요한 승부 기회다. 소련과의 시합 전 불안과 긴장으로 압도된 선수들이 무거운 분위기 속에서 라커 룸에 앉아 있다.

사실 올림픽 직전에 치뤄진 시범 경기에서 3대 10으로 미국이 소련에게 완패했다. 그런 가운데 미국 팀 감독이 뚜벅뚜벅 한 걸음씩 라커 룸으로 걸어 들어온다. 그리고 느긋하지만 진지한 눈빛으로 말하기 시작한다.

"위대한 순간은 위대한 기회에서 만들어진다.

오늘 밤이 바로 기회의 날이다.

너희 손으로 움켜쥔 기회야.

한 번뿐이다.

열 번을 싸우면 소련이 아홉 번 이기겠지만.

오늘 이 시합만은 다르다.

오늘 밤은 적과 대등하게 싸우며 끝까지 물고 늘어질 것이다. 그리고 완전히 봉쇄하는 거야. 우리는 반드시 할 수 있어.

오늘 밤은 우리가 세계에서 가장 위대한 팀이다.

너희가 이 자리에 오게 된 것은 운명이야.

너희의 시대가 왔다. 소련의 시대는 끝났어.

이제 그만할 때도 됐잖아. 신물이 나도록 들었다고.

어딜 가도 소련은 대단하다는 말만 계속 들었어.

하지만 이젠 구식이야.

이제는 너희의 시대다. 반드시 승리를 뺏어 와!"

이 말에 선수들은 감동을 받고 마음이 뭉클해져서 링크로 나간다. 미국은 2피리어드 시점에서 2대 3으로 열세였지만, 최종 3피리어드에 2점을 빼앗아 4대 3으로 역전. 마지막에는 소련의 맹공을 견뎌내어 승리를 쟁취해낸다. 그 후에 열린 경기에서도 미국이 승리하며 올림픽 금메달을 차지하는 데 이른다. 실제로도 이 시합은 '빙상의 기적'으로 불리며 여전히 사람들 입에 오르내리고 있다.

이제 타인의 마음에 불을 붙이는 말을 할 수 있다

이렇듯 말에는 힘이 있다. 그 말이 선수들의 심금을 울리고 의욕에 불을 붙여서 기적을 일으킨 것이다. 펩 토크는 스포츠계에서 널리 사용되고 있는데, 시합 전 라커 룸에서 쓰이는 경우가 많은 탓에 쉽게 볼 수 없다. 그 대신 1000편이 넘는 영화 속에서 펩 토크가 재현되고 있다. 이런 펩 토크 속에서 감독이나 코치는 어떤 말을 사용할까? 실제로 분석해본 결과, 다섯 가지 규칙과 4단계를 찾았다.

펩 토크의 다섯 가지 규칙

1. 긍정적인 말을 사용한다.

2. 짧은 말을 사용한다.

3. 이해하기 쉬운 말을 사용한다.

4. 상대방이 가장 듣고 싶어 하는 말을 사용한다.

5. 상대방과 진심 어린 관계를 맺는다.

펩 토크의 4단계

1. 수용(사실 받아들이기)

2. 승인(시점 전환하기)

3. 행동(목표 행동으로 끌어주기)

4. 격려(등 밀어주기)

아직 잘 몰라도 괜찮다. 펩 토크의 다섯 가지 규칙과 4단계에 관해서는 3부에서 자세히 설명하겠다. 또한 당신이 이 책을 읽고 격려의 기술을 익혀 주위 사람에게 긍정적인 영향을 미치는 사람이 되기를 바라며 펩 토크에 대해 다음과 같이 설명하고자 한다.

1부에서는 '사람의 의욕은 어디에서 생기는가?'라는 질문에 관해서 살펴보겠다. 사람은 아무리 괴로운 상황에 처하더라도 의욕을 끌어낼 수 있다. 그것이 어떻게 가능한지 살펴보면서 당신도 숨은 의욕을 이끌어내기 바란다.

2부에서는 '사람은 왜 원래 갖고 있는 실력을 발휘하지 못하는가?'에 관해서 생각한다. 원래는 좀 더 실력을 발휘할 수 있는데 실전에서 100퍼센트 발휘하지 못하는 데는 이유가 있다. 그 이유를 아느냐 모르느냐에 따라 그 후의 결과에 큰 차이가 생길 수 있다.

3부에서는 드디어 펩 토크의 핵심 기술을 소개한다. 실제로 당신이 활용할 수 있도록 펩 토크의 이론적 배경과 다섯 가지 규칙, 4단계에 대해 설명한다.

4부에서는 펩 토크의 다양한 사용 방법과 예시를 다룬다. 펩 토크는 스포츠 세계에서 탄생한 대화법이지만 현재 많은 기업에도 도입되어 있다. 즉 누구에게나 효과가 있는 대화법이라는 것이 실제로 증명된 셈이다. 이 부에서는 상대방이 어떤 감정일 때 어떤 펩 토크를 하면 좋을지 설명할 것이다.

5부에서는 실전 연습을 통해 당신의 펩 토크를 직접 만들어보기 바란다. 당신이 격려해주고 싶은 사람, 의욕을 끌어내주고 싶은 사람을 떠올리며 실천해볼 기회가 될 것이다.

● ● ●

다시 한 번 말하지만, 말에는 힘이 있다. 말의 힘을

익히면 당신이 진심으로 격려하고 싶은 사람의 마음을 움직이고 의욕에 불을 붙일 수 있다. 이런 말을 하는 데는 나름의 규칙이 있다. 그 규칙을 따라가는 것만으로 1분 만에 상대방의 마음에 불을 붙일 수 있다.

우리는 이 말의 힘을 분명히 하기 위해서 펩 토크를 일본에 소개한 이와사키 요시즈미岩崎由純 씨와 일본 펩 토크 보급협회를 설립했다. 또한 말이 갖고 있는 힘과 그 말을 사용해서 어떤 사람이 어떤 성과를 얻었는지 연구하고 있다. 이 책은 그 속에서 터득한 방법을 바탕으로 소개한다.

이 말의 힘으로 당신 자신뿐만 아니라 주위 사람들까지 활기를 되찾도록 도울 수 있다면, 원래 갖고 있는 힘을 전부 발휘하도록 용기를 줄 수 있다면 어떨까? 당신의 인생과 세상 모두가 크게 달라질 것이다.

자, 그럼 펩 토크로 이 책을 시작해보자.

"특별한 책 한 권을 만나는 순간
당신의 인생이 달라진다.
이 책이 바로 그렇다.

당신은 자신의 손으로 이 책을 움켜쥐었다.

당신은 남을 격려하고 용기를 줄 수 있다.
당신은 오늘부터 세계에서 가장 위대한 펩 토커다.

책장을 넘기며 철저히 물고 늘어져라.
그리고 완전히 익히는 것이다. 반드시 할 수 있다.

이미 펩 토크는 당신의 것이다.
이제 인생이 달라지는 순간을 직접 경험하자!"

일본 펩 토크 보급협회 전무이사

우라카미 다이스케

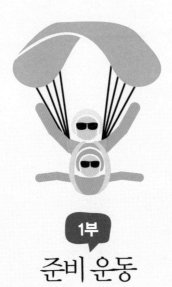

1부

준비 운동

내가 어떤 말을
해주면
힘이 날까?

말의 밑바탕에는 상대가 정말로 잘됐으면 좋겠다고 바라는
진심 어린 마음과 진실한 관계가 깔려 있어야 한다.
그런 진정성 덕분에 생생한 말 한 마디가
상대의 마음에 기운을 북돋아줄 수 있는 것이다.
사람은 자신의 가능성을 온전히
믿어주는 사람이 있을 때 의욕에 불이 붙는다.

진심 어린 말의 힘은
어디서 비롯될까?

사람의 의욕은 어디에서 생길까? 먼저 이 이야기부터 시작하겠다. 내가 물리치료사로 일하던 시절에 만나서 내 인생을 바꿔준 어느 환자에 대한 이야기다.

미치코 씨는 홋카이도의 대자연 속에서 사랑하는 남편과 함께 멜론 농사를 지었다. 새카맣게 탄 피부와 푸근한 미소가 멋진 사람이었다. 그녀는 어느 날 허리가 아파서 마을 진료소에 갔다가 정밀검사를 받아야 한다기에 내가 근무하는 병원을 소개받고 찾아왔다. 검사가 끝난 후 의사는 그녀의 척추에 세균이 침입해서 완전히 약해진 탓에 몸을 일으키는 것만으로 골절될 위험이 있다고 경고했다.

앉아 있는 것도 위험한 상태라서 본인은 영문도 모른 채 긴급 입원을 했고, 5개월 동안 꼼짝도 못하는 상태가 지속되었다. 건강한 사람이 5개월 동안이나 자리에 누워 있기만 하면 어떻게 될까? 대부분이 혼자서는 몸을 움직일 수 없을 정도로 근력이 저하되고 만다. 결국 그녀는 자기 힘으로 몸을 뒤척이지도 못하고 머리도 들어 올리지 못하는 상태가 되었다. 그나마 조금 움직일 수 있는 것은 오른쪽 팔꿈치뿐이었다.

당시 그녀의 담당 물리치료사는 마비된 다리 신경에 전기 치료를 하도록 지시를 받고 날마다 같은 치료를 실시했다. 그러던 중 담당 물리치료사가 여름휴가를 떠난 일주일 동안 내가 대신 치료를 맡게 되었다.

그때 나는 고작 1년차 물리치료사였는데 처음에는 미치코 씨가 어떤 사람일지 몰라 불안해하며 병실로 찾아갔다. 어슴푸레한 병실에는 뼈와 가죽밖에 없는 비쩍 마른 여성이 누워 있었다. 그녀는 살아갈 희망을 잃고 마음을 닫은 것인지 아무리 말을 걸어도 대답하지 않았다.

'힘든 환자를 맡아버렸네. 지시받은 일만 하고 돌아가야지.'

나는 조용해진 병실에서 그렇게 생각했다. 그녀에게 전기 치료를 하며 계속 말을 걸어봤지만 도무지 대화를 나눌 수 없었다. 그런데 가만히 보니 우리 엄마와 비슷한 연배였다.

'이 사람이 내 어머니였다면 지시받은 일만 하고 돌아갈 수 있을까?'

'나는 사람으로서 할 수 있는 최선을 다했나?'

'의료인으로서 지시받은 일뿐만 아니라 사람으로서 할 수 있는 일을 하자!'

이렇게 생각하고 난 후 곧바로 몸을 가볍게 마사지하기로 했다.

'5개월이나 자리에 누워 있었으니 분명 몸이 나른할 거야.'

나는 근육이 줄어서 완전히 가벼워진 그녀의 다리를 들어 올려서 무심히 계속 마사지했다. 팔과 등도 열심히 주물렀다. 일주일 동안 하루도 빠짐없이 정성 들여 마사지했고 어느덧 담당 기간이 끝났다.

"미치코 씨, 내일부터 원래 담당했던 물리치료사가 올 거예요. 일주일 동안 고마웠습니다. 힘내세요."

이렇게 말하고 병실을 떠났다. 그런데 그 직후 그녀가 놀라운 행동을 보였다. 거의 움직이기 힘든 손으로 호출 벨을 눌러서 간호사를 부른 것이다. 그리고 간호사도 지금까지 들은 적이 없는 크고 또렷한 목소리로 울면서 이렇게 말했다.

"다시 한 번 멜론 농사를 짓고 싶어요……. 저 사람과 함께 재활 치료하고 싶어요……."

그전까지 마음을 닫은 채 의욕을 잃고 죽음만 기다리던 그녀가 다시 한 번 살아보자고 결심한 순간이었다. 나의 진심이 그 마음에 불을 붙인 것이다.

"다시 한 번 해보고 싶어요."

그 후 척추를 금속으로 고정하는 수술을 거쳐 미치코 씨와 풋내기 물리치료사가 합심한 재활 치료가 시작되었다. 그러나 주치의는 '그녀가 걷는 것은 절대 불가능하다. 아니, 살아서 집에 돌아가는 것조차 어

진심 어린 말은 상대방의 마음에 불을 붙인다.
꿈이 있는 사람은 어떤 상황에서든 다시 일어설 수 있다.
또 그 사람답게 살 수 있다.

렵다'라는 식으로 말했다.

　나도 몸을 움직이는 근력이 전혀 없는 사람을 상대로 어떤 방법을 써서 재활하면 좋을지 막막했다. 그래도 날마다 병실에 가서 조금씩 몸을 일으키는 연습을 돕거나 근력 운동을 언제든지 할 수 있도록 침대 옆에 운동용 고무줄을 달아두기도 했다. 일단 할 수 있는 일은 모두 해야 한다고 생각했기 때문이다.

　한편 다시 한 번 살자고 결심하고 난 후 미치코 씨는 24시간 재활에 몰두했다. 식사 때는 매 끼마다 몸을 조금씩 일으키는 연습을 했다. 하지만 5개월 동안 한 번도 머리를 다리보다 위로 들어 올리지 않은 탓에 금세 현기증을 일으켰다. 그래도 매일 꾸준히 연습했다. 그렇게 6개월이 지난 어느 날, 마침내 휠체어에 앉는데 성공했다.

　운동하며 단련한 팔로 직접 휠체어를 밀며 병실 밖으로 나가서 접수대를 봤을 때 그녀는 "이 병원은 이런 모습이었군요" 하고 중얼거렸다. 간호사가 "입원한 지 1년이 넘었는데 모르셨어요?"라고 묻자, "검사받으러 병실 밖으로 나갈 때는 늘 침대에 누워 있어서 천장만 쳐다봤거든요. 그랬던 내가 이렇게 밖으로 나왔으니 대견하죠?"라고 대답했다. 이 말을 듣고 주치의, 간호사, 직원 모두가 울었다.

그러나 그녀의 꿈은 휠체어에 앉는 것이 아니라 예전처럼 멜론 농사를 짓는 것이었다.

"다시 한 번 멜론 농사를 짓고 싶어요."

"그렇군요. 미치코 씨라면 반드시 할 수 있어요! 우선 지금 할 수 있는 일부터 실천해봅시다."

나는 구체적인 재활 치료에 대한 지식이나 경험도 전혀 없었지만 예전 모습을 되찾고 싶어 하는 그녀의 마음에 계속 공감해주었다.

휠체어를 타는 데 성공한 다음에는 스스로 일어서기 위한 훈련이 시작되었다. 근력을 키워서 일어설 수 있도록 침대에 높은 받침대를 세워두었다. 언제든지 다리를 늘리는 근력 운동을 할 수 있게 한 특별 장치였다. 내가 병실을 들여다볼 때마다 그녀는 늘 연습하고 있었다. 정말로 24시간 365일 꼬박꼬박 연습을 멈추지 않았다. 또 그로부터 6개월 후, 기적이 일어났다. 그녀가 마침내 혼자 힘으로 일어난 것이다.

미치코 씨는 재활실에서 양손으로 평행봉을 꽉 붙잡으며 온몸의 힘을 다 짜내서 일어났다. 다리가 부들부들 떨렸지만 손으로 단단히 지탱하며 일어서는데 성공했다. 나는 그때 그녀의 웃는 얼굴과 감동을 지금도 잊을 수 없다.

미치코 씨가 일어섰다. 병원에서는 기적이 일어났다고 했다. 하지만 그녀의 꿈은 일어서는 것이 아니라 예전처럼 멜론 농사를 짓는 것이었다.

"다시 한 번 멜론 농사를 짓고 싶어요."

"그렇군요. 미치코 씨라면 반드시 할 수 있어요! 지금 할 수 있는 일부터 실천해봅시다."

나는 그녀의 꿈을 함께 믿었다. 그녀의 가능성을 계속 믿었다. 그로부터 반년 후 미치코 씨는 자신의 힘으로 걸을 수 있게 되었고 마침내 집으로 돌아갈 수 있었다. 긴급 입원한 지 2년 반이라는 세월이 흐른 뒤였다. 미치코 씨가 퇴원한 후 매년 우리 집에 멜론이 배달된다. 그녀가 농장으로 돌아가서 남편과 함께 키운 멜론이다.

나는 이 경험을 통해 인생에서 매우 중요한 것을

배웠다.

> 진심 어린 말은 상대방의 마음에 불을 붙인다.
> 꿈이 있는 사람은 어떤 상황에서든 다시 일어설 수 있
> 다. 또 그 사람답게 살 수 있다.

내가 이 책을 통해서 알려주고 싶은 것은 단순히 상대방의 마음에 불을 붙이고 의욕을 불러일으키는 기술만이 아니다. 말의 밑바탕에 상대방이 정말로 잘됐으면 좋겠다고 바라는 진심 어린 마음과 진실한 관계가 깔려 있어야 한다는 사실도 알려주고 싶다. 그런 진정성 덕분에 생생한 말 한 마디가 상대의 마음에 기운을 북돋아줄 수 있는 것이다.

'나는 가치 있는 사람'이란
느낌을 주는 사소한 말

당신은 어떤 말을 들을 때 의욕이 생기는가?

"너라면 할 수 있어!", "잘하네!", "열심히 했구나!"라는 말일 수도 있다. 아니면 "네가 있으면 도움이 돼", "늘 세심한 데까지 주의 깊게 보는구나. 고마워!", "자네 덕분에 팀이 하나가 되었어!"라는 말일지도 모른다.

사람의 의욕에 불을 붙이는 말에는 특별한 구조가 있다. 우리는 대개 '나는 가치 있는 사람이다'라는 느낌을 주는 말을 들을 때 의욕을 얻는다. 이런 느낌을 받는 상황은 크게 두 가지로 나뉜다.

- 승인 욕구(남에게 인정받고 싶은 욕구)가 충족되었을 때
- 공헌 욕구(남에게 도움이 되고 싶은 욕구)가 충족되었을 때

"너라면 할 수 있어!", "잘하네!", "열심히 했구나!" 이는 승인 욕구를 충족시키는 말이다. 이 말을 들으면 당신은 상대방에게 인정을 받았다는 만족감에 의욕을 얻는다.

한편 "네가 있으면 도움이 돼", "늘 세심한 데까지 주의 깊게 보는구나. 고마워!", "자네 덕분에 팀이 하나가 되었어!" 이는 공헌 욕구를 충족시키는 말이다. 이 말을 들으면 당신은 상대방에게 도움이 되었다는 마음에 의욕을 얻는다. 당신이 상대방에게 말을 할 때도 마찬가지다. 따라서 이 두 가지 말을 하기 전에 다음과 같은 3단계 구조를 눈여겨봐야 한다.

1. 존재 단계
2. 행동 단계

3. 결과 단계

우리는 자신이라는 존재가 있고 'OO하고 싶다'라는 마음이 있으며, 이를 'OO을 한다'라는 행동으로 옮겨서 '할 수 있다, 할 수 없다'라는 결과를 내는 일을 날마다 반복하고 있다.

이를 적용해서 생각하면 승인이란 상대방의 '존재, 행동, 결과가 좋다, 가치 있다'라고 평가하는 것이고, 공헌이란 상대방의 '존재, 행동, 결과가 나와 주위 사람에게 좋은 영향을 주었다'라고 평가하는 것이다.

존재 단계 "넌 있는 그대로 괜찮은 사람이야."

존재란 당신 그 자체이며, 우리는 있는 그대로 존재 의미를 인정받길 바란다. 존재 단계에서 중요하게 인지해야 하는 대상을 꼽는다면 다음을 예로 들 수 있다.

- 상대방의 존재 자체(갖고 있는 능력이나 있는 그대로

의 모습)

- 상대방의 생각('이렇게 하고 싶다', '이렇게 되고 싶다'
  는 바람)
- 상대방의 꿈이나 본인도 깨닫지 못한 가능성

위와 같이 상대방의 존재를 승인하고 존재만으로 공헌한다는 사실을 인정하는 것만으로도 상대의 마음에는 의욕이 솟아날 수 있다.

우선 '존재를 승인한다'란 상대방이 뭔가를 하고 있어서(행동), 뭔가를 했기 때문(결과)이 아니라 단순하게 상대방의 존재(갖고 있는 힘, 생각, 꿈, 가능성)를 있는 그대로 인정하는 것이다. 이를테면 이렇게 표현해볼 수 있다.

"당신은 있는 그대로 훌륭한 사람이에요."
"자네가 갖고 있는 힘은 대단해."
"당신의 꿈은 반드시 이루어질 겁니다."
"너의 가능성은 무궁무진해."
"당신과 함께 일하고 싶어요."

상대방의 존재가 당신에게 도움이 되며 소중하다는 사실을 전할 수도 있다. 이를 말로 표현하면 다음과 같다.

"옆에 있어줘서 고마워."
"네 생각을 듣고 감격했어."

한 어머니가 펩 토크 세미나를 들으러 찾아왔다. 왜 펩 토크를 배우고 싶어 하는지 그 이유가 너무 궁금했던 나는 세미나 중 그녀에게 무슨 이유로 참가했느냐고 물어봤다. 그러자 "중학교 2학년인 딸이 학교에서 왕따를 당하고 있어요. 그래서 딸을 격려할 수 있는 말을 배우러 왔습니다"라고 했다.

그녀는 다양한 격려 방법을 배우며 이틀간의 세미나를 마쳤다. 그리고 3개월 후 다시 그 어머니를 만날 기회가 있었다.

"따님은 그 후에 어떻습니까?"
"실은 딸이 더 이상 왕따를 당하지 않게 됐어요!"
"어떤 말로 격려해주셨나요?"

"특별한 말은 하지 않았어요. 딸에게 '너는 너인 그 대로 괜찮아', '엄마 옆에 있어줘서 정말로 고마워', '네가 있으니까 엄마는 힘을 낼 수 있어'라고 날마다 말해주었지요. 단지 그뿐이었는데 왜 왕따를 당하지 않게 됐는지 오히려 신기할 정도랍니다. 딸은 전보다 훨씬 밝아졌고 자신감도 생긴 것 같아요."

실제로 이 어머니는 매일 딸에게 너는 존재만으로 가치 있는 사람이다, 존재만으로 힘이 된다고 말해주었다. 운동을 잘해서, 공부를 잘해서, 시험 성적이 좋아서가 아니라 그저 '네가 있는 것만으로 엄마는 기뻐, 고마워!'라는 마음을 전한 것이다.

이것이 존재 단계에서 가장 중요한 부분이다. 딸은 학교에서 왕따를 당하거나 기분 나쁜 일이 있어도 집에 돌아오면 무조건적으로 자신을 인정해주는 엄마의 존재가 원동력이 되어준 덕분에 자신을 괴롭히는 친구에게 '하지 마!'라고 말할 수 있었다.

이렇듯 상대방을 있는 그대로 인정하면 상대방의 자신감을 높여줄 수 있다.

행동 단계 "네가 열심히 해준 덕분이야."

행동이란 생각을 바탕으로 결과를 내기 위해 하는 일이다. 승인과 공헌 욕구가 충족되면 이러한 행동을 하려는 의욕 역시 솟아나게 된다. 우선 '행동을 승인한다'는 '○○하고 있구나'라는 말로 표현할 수 있다.

"빨리 일어났구나."

"열심히 공부하는구나."

"늘 웃는 얼굴로 인사하시네요."

"회사에 가장 먼저 와서 일하는군요."

사람에게는 어떤 행동을 지적받으면 의식이 그쪽으로 쏠려서 그 행동을 하는 횟수가 늘어난다는 특징이 있다. 예를 들어 '만날 지각하냐', '또 게임하네' 등 줄였으면 하는 행동을 지적하는 것보다 실행 횟수는 적더라도 '일찍 일어났구나', '열심히 공부하는구나' 등 늘어나길 바라는 행동을 승인해야 상대방의 의욕을 이끌어내기 쉽다.

어머니는 매일 딸에게 너는 존재만으로 힘이 된다고 말해주었다.
이것이 존재 단계에서 가장 중요한 부분이다.
딸은 자신을 인정해주는 엄마의 존재가 원동력이 되어준 덕분에
자신을 괴롭히는 친구에게 '하지 마'라고 말할 수 있었다.
자기 자신을 있는 그대로 인정받은 순간 자신감이 올라간 것이다.

또한 늘어나길 바라는 행동을 승인하면 상대방에게는 자신이 노력하는 모습을 당신이 제대로 봐주고 신경 써준다는 마음이 생기므로 서로 간의 신뢰 관계도 쌓을 수 있다.

'행동으로 공헌한다'란 상대방의 행동이 당신이나 주위 사람들에게 좋은 영향을 준다는 뜻으로, 'OO해줘서'로 시작하는 문장으로 표현한다.

"네가 도와준 덕분에 살았어."

"자리를 양보해줘서 고마워요."

"당신이 웃는 얼굴로 인사해주니 기분이 좋아요."

"네가 열심히 하는 모습을 보고 다들 의욕이 생겼어."

"사장님이 늘 솔선해서 행동하는 모습을 보여주셔서 저도 좀 더 도전하려고 합니다."

이러한 말로 상대방의 행동 덕분에 당신이나 주위 사람들이 좋은 영향을 받았다고 전달하는 것은 입장과 상관없이 누구에게나 표현 가능하다는 장점이 있다.

예를 들어 사원이 사장에게 "사장님, 열심히 하시

네요!"라고 하면 위화감이 든다. 하지만 "사장님이 열심히 노력하시는 모습을 보고 저도 좀 더 분발해야겠다고 느꼈습니다"라고 하면 훨씬 자연스럽고 사장님도 자신의 노력이 사원에게 좋은 영향을 준다고 느껴서 한층 더 의욕이 솟을 것이다.

결과 단계 "너의 행동이 큰 도움이 되었어."

결과는 행동으로 생겨난 성과를 말한다. '결과를 승인한다'는 상대방이 낸 결과를 인정하는 것이다.

"○○ 했구나."

"열심히 했구나!"

"시험 결과가 굉장한걸?"

"영업 성적이 많이 올랐어요!"

"시합에 이겼구나. 축하해!"

또 '결과로 공헌한다'는 상대방이 결과를 내준 덕분에 당신이나 주위 사람들에게 좋은 영향(공헌)이 전달된다는 뜻이다. 이는 다음과 같은 말로 표현될 수 있다.

"너희들의 승리는 많은 사람들에게 용기를 줬어."

"당신이 활약하는 모습을 보고 모두 의욕에 불이 붙었어요."

"네가 그렇게 노력했으니 나도 해보려고 해."

"난 네 모습 그대로가 좋아."

앞에서 사람이 의욕을 느끼는 말에는 3단계, 즉 '존재, 행동, 결과'가 있다는 점에 대해서 소개했다. 46쪽의 그림을 보면 알 수 있듯이 이 세 가지 단계는 피라미드 모양으로 구성되어 있다. 맨 아래 존재 단계가 가장 큰 토대가 되며 그 위는 행동 단계, 또 그 위는 결과 단계가 쌓여 있다.

이런 모양이 되는 이유는 피라미드의 토대가 되는 존재 단계가 사람의 밑바탕에 해당하기 때문이다. 그 위의 행동이나 결과는 실패하더라도 다시 만들어낼 수 있다. 다시 말해 수정할 수 있는 단계다. 그러나 그 사람의 존재가 성립되지 않으니까 존재를 초기화해서 고치자고 할 수는 없다. 즉 존재 단계는 사람으로서 가장 중요한 본질에 해당한다.

나의 가장 중요한 부분을 인정받는다는 느낌

그렇기에 사람은 상대방이 자신의 존재를 승인해주면 가장 중요한 부분을 인정받았다는 마음에 큰 기쁨을 느끼며 의욕을 얻는다. 또 이 부분을 인정해주는 사람과는 더욱 단단한 신뢰 관계를 맺을 수 있다.

존재만으로 누군가에게 도움이 된다, 즉 공헌할 수 있다는 것은 최고의 기쁨이다. 만약 당신이 누군가와 관계가 원만하지 않다면 당신이 상대방의 행동이나 결과에만 치중해서 판단하는 것일지 모른다.

사람은 상대방이 자신의 행동이나 결과만 보고 판단하면 본능적으로 근본적인 부분에서 관계가 맺어지지 않았다는 느낌을 받는다. 반면 당신이 상대방의 존재 자체나 생각, 가능성에 관심을 갖고 다가가면 진심 어린 관계가 시작될 수 있다.

결과

행동

존재

승인 욕구를 충족하는 말	공헌 욕구를 충족하는 말

- 결과를 인정
  "○○했구나."
  "열심히 했구나!"
  "영업 성적이 엄청 올랐어!"

- 행동을 인정
  "○○하고 있구나."
  "일찍 일어났구나."
  "늘 웃는 얼굴로 인사하는군요."

- 존재를 인정
  "난 네 모습 그대로가 좋아."
  "당신의 꿈은 반드시 이루어질
  겁니다."

- 결과로 도움
  "○○해줘서 △△가 ××했어."
  "네가 해낸 덕분에 나도 의욕
  이 생겼어."

- 행동으로 도움
  "○○해줘서 △△."
  "네가 도와준 덕분에 살았어."
  "자리를 양보해줘서 고마워요."

- 존재로 도움
  "옆에 있어줘서 고마워."
  "네 생각에 공감해."

의욕이 생기기는커녕
꺾어버리는 말

사람의 의욕이 솟아나는 말의 구조가 있다면 반대로 의욕을 상실하는 말의 구조도 있다. 그것은 앞에서 이야기했던 것과 정반대로 '나는 가치가 없는 사람'이라고 느꼈을 때다. 사람은 아래와 같이 승인과 공헌 두 가지 욕구를 부정당했을 때 자신의 존재까지 부정한다.

- 승인 욕구(남에게 인정받고 싶은 욕구)가 충족되지 않을 때
- 공헌 욕구(남에게 도움이 되고 싶은 욕구)가 충족되지

않을 때

어떤 말이 자기 가치를 부정하게 만들까?

진심, 즉 승인을 부정하는 말

상대방에게 부정적인 감정이 있거나 신뢰 관계가 약한 경우, 부정적인 표현은 상대방의 의욕을 꺾어버릴 뿐만 아니라 상처를 줄 수 있다. 만약 승인 욕구를 부정당하면 그 사람은 자신의 내면까지 부정하게 되고 의욕을 빼앗기는 것 이상으로 자신의 인생까지 부정하게 될지도 모른다.

존재를 부정하는 말

- 상대방의 존재 자체를 부정한다.

  "넌 없어도 돼", "널 대신할 사람은 얼마든지 있어."

- 상대방의 마음을 부정한다.

  "무슨 생각해?", "의미 없네."

- 상대방의 가능성을 부정한다.

  "네가 그 일을 해내는 건 절대 무리야. 그만둬."

행동을 부정하는 말

"꾸물거리지 마!"

"언제 공부할래?"

"왜 몰라?"

결과를 부정하는 말

"결과가 도대체 왜 이래?"

"몇 번씩 말하게 하지 마!"

"그런 일도 제대로 못해?"

부정적인 표현으로 격려하는 말

일본인 가운데 이런 유형이 많다. 응원하는 것은 맞는데 자신도 모르게 부정적으로 표현하는 것이다. 이른바 '독설가', 즉 입이 험한 사람이다. 이런 식으로 말하게 되는 이유가 두 가지 있다. 하나는 우리가 자라면서 부모나 지도자에게 들은 말 중에 부정적인 표현이 많았기 때문이다. 모든 부모, 지도자가 그렇다는 것은 아니지만 우리가 사용하는 말은 자란 환경에 영향을 받기 쉽다.

다른 하나는 상대방이 제멋대로 행동하게 내버려두면 자만할 거라고 생각하는 경향이 있기 때문이다. 물론 부정적인 표현으로 강하게 충고하거나 지도해야 하는 경우도 있을지 모른다. 따라서 긍정적인 표현을 사용하는 것과 무조건 오냐오냐하는 것의 본질적인 차이를 알아야 한다.

내가 원하는 것에는 관심 없는 말

예를 들어 아이는 열심히 공부한 것(행동)을 인정받고 싶은데 부모는 시험 점수(결과)에만 지나치게 관심을 보인다. 또 선수는 시합에서 이긴 것(결과)을 함께 기뻐해주기를 바라는데 감독은 시합 중 플레이(행동)가 좋지 않았다고 화를 낸다. 이렇듯 내가 관심을 두는 부분(인정받고 싶은 부분)에 상대는 전혀 관심을 주지 않을(인정하지 않는) 때가 있다. 이런 차이가 생겼을 때 자신이 아무리 노력해도 상대방이 알아주지 않으면 의욕을 상실한다.

사람은 어떤 말을 듣느냐에 따라
인생이 달라진다

앞서 의욕이 삶에서 얼마나 중요한지 설명했는데, 내가 이를 깨닫게 된 사건이 있었다. 내 인생을 바꿔준 계기이기도 하다. 나는 병원에서 근무한 후 당시 개호업계[1]에서 가장 큰 상장기업으로 이직했다. 더 많은 이들의 삶을 건강하게 만드는 데 기여하고, 더 큰 규모로 일을 해보고 싶은 마음 때문이었다.

과감하게 17년 동안 지내며 정들었던 홋카이도를

---

1 고령자 및 장애인 등 일상생활에 지원이 필요한 사람을 대상으로 요양, 간호, 물리치료 등 사회복지에 해당하는 서비스를 제공하는 업종이다. – 옮긴이 주

떠나기로 결심하고 이직을 위해 도쿄로 돌아왔다. 롯폰기 힐스의 35층 사무실에서 시내를 바라보며 진심으로 '이 회사에서 건강 사업을 시작해서 더 많은 사람들이 건강한 삶을 살도록 돕고 싶다'라고 생각했다. 그런 마음으로 임원진에게 건강 사업 기획에 관해 프레젠테이션 한 후 새로 시작한 건강 사업부에서 팀장직을 맡게 되었다. 이후 보람찬 나날을 보내던 때에 사건이 일어났다.

어느 날 현장에서 운동을 지도하는 중에 우연히 TV를 봤더니 낯익은 얼굴의 사람들이 기자들을 향해 사죄하는 장면이 나왔다. 놀랍게도 모두 우리 회사의 임원들이었다. 다시 말해 우리 회사의 부정부패 사건이 뉴스에 보도된 것이다.

이 사건이 발각되면서 개호보험 사업은 업무 정지를 당하고 일본 전국 규모였던 회사는 행정 구역별로 다른 회사에 사업이 양도되어 공중 분해되었다. 내가 담당하던 신규 사업도 당연히 중단되고 말았다.

누군가에게 믿음을 줄 수 있는 기회

.
.
.

나는 본사에서 근무하길 바랐지만 부득이하게 계열사인 유료 노인 홈[2]에 배속되었다. 그곳은 단순한 요양원이 아니었다. 인생에서 성공한 사람들이 노후를 마음 편하게 보낼 수 있는 최고급 유료 노인 홈이었다. 입주비용만 해도 억 단위였으며 유럽의 고성 같은 건물 실내에는 피트니스 센터와 레스토랑, 피부 관리숍 등이 완비되어 있었다.

나는 그곳에서 운동 지도와는 전혀 다른 접객 서비스 업무를 담당했다. 게다가 처음에 한 일은 입주자분들과 함께 마작하기였다. 그 후에도 접객 데스크에서 열쇠나 주차장 관리 등을 맡았다.

'기껏 도쿄로 돌아와서 건강 관리 전문가로 입사했는데 나는 지금 뭘 하고 있는 걸까.'

물론 접객 업무도 중요한 일이지만 당시의 나로서

. . .

2 노인 홈은 일본의 노인복지시설로 우리나라의 양로원과 유사한 역할을 한다. 노인복지법에 규정된 양호 노인홈, 특별양호 노인홈, 경비 노인홈이 있으며, 노인복지법의 규제를 받지 않는 유료 노인홈이 있다. - 옮긴이 주

는 받아들이기 힘들었다. 너무나 괴롭고 비참한 경험이었다. 하지만 '이 경험이 반드시 앞으로 내 인생에 도움이 될 것이다'라고 믿고 날마다 기회가 오기만을 기다렸다. 그러던 어느 날 시설 내 피트니스 클럽 업무를 담당하게 되었다. '이제야 내가 가장 잘하는 일을 할 수 있어!'라는 생각이 들었다.

유료 노인 홈의 입주자 분들 중에 당시 84세의 신이치 씨라는 노신사가 있었다. 그는 파킨슨병에 걸려서 자신의 힘으로 걸을 수는 있지만 보폭이 좁고 속도도 느려서 곧잘 넘어졌다. 그리고 일주일에 한 번 비뇨기과 클리닉에서 도뇨(카테터를 요도로 넣어 소변을 배출하는 방법으로 통증이 동반된다)를 하는 것을 가장 힘들어했다. 그는 체간, 즉 몸 중심의 힘이 약해져서 스스로 소변을 눌 수 없었기에 치료법으로 소변을 강제로 배출하는 처치를 받았다.

"그 치료가 가장 괴롭지요."

기능이 약해졌다고는 해도 혼자 힘으로 소변을 누는 일조차 할 수 없는 현실에 그는 자신감을 잃고 심리적으로 상당히 좌절한 상태였다. 그러던 중 나에게 신이치 씨를 트레이닝해달라는 의뢰가 들어왔다. 내가 보기에 그는 다리 근육은 직접 단련해서 비교적 튼튼했지만 이를 잘 사용하기 위한 체간 근육이 단련되어 있지 않았다. 그래서 첫날에는 우선 체간 근육에 힘을 불어넣는 호흡법과 스트레칭 폴을 사용한 훈련을 10분 정도 실시하기로 했다.

트레이닝을 마치고 그에게 걸어보라고 했더니 등이 꼿꼿이 펴지고 보폭도 넓어져서 넘어지지 않고 성큼성큼 걸었다. 나도 이렇게까지 금세 달라지리라고는 생각지 못했지만 신이치 씨 본인이 가장 놀랐다.

"어째서 이렇게 걸을 수 있는 건가요?"

지금도 그의 활짝 웃는 얼굴을 잊을 수 없다. 그날부터 우리는 일주일에 세 번씩 트레이닝을 함께 했고 신이치 씨의 걸음은 점점 좋아졌다. 자기 힘으로 배에 힘을 줘서 소변도 눌 수 있게 되었다. 마침내 가장 괴로워하던 도뇨 처치를 더 이상 받지 않아도 되자 그는 무척이나 기뻐하며 나를 진심으로 신뢰하게 되었다. 당시 그에게 나는 세상에서 가장 믿을 수 있는 사람이었음이 분명했다.

더 큰 가능성을 불러오는 말 한 마디의 힘

날마다 조금씩 일하는 보람을 느꼈지만 여전히 좀 더 많은 사람들과 관계를 맺으며 건강하게 살도록 돕고 싶다는 마음이 사라지지 않았다. 그러다 마침 지인에게 능력을 발휘할 수 있는 자리를 소개 받아 다시 한 번 이직을 결심했다.

그러나 신이치 씨에게 이직에 대해 어떻게 알려야 하느냐가 문제였다. 이는 그때까지 반년 동안 함께 트레이닝하며 나를 믿어준 그를 배신하는 것과 같았다. 운동을 지도한 다른 분들에게 먼저 그만둔다고 말했더니 "그만두면 안 돼요. 우리를 버리지 마세요"라며 애원했다. 모두의 마음은 너무나 감사했지만 막상 그렇게 되니 신이치 씨에게는 점점 더 말하기가 어려워졌다.

며칠 기회를 엿보다 수영장에서 보행 연습을 하는 날, 오늘은 반드시 말하겠다고 마음을 먹었다. 그날은 코스 로프에 매달려서 둘이 함께 수영장 끝까지 걸어갔다가 반환점을 돌아 다시 반대쪽 끝까지 걸어오는 것을 몇 번씩 반복하기로 했다. 끝까지 도착하면 말하기로 결심했지만 도무지 입을 뗄 수 없었다.

그런데 신이치 씨가 갑자기 피곤하다며 수영장 한가운데에서 멈췄다. '지금이다!'라는 생각에 나는 긴장하며 그에게 이렇게 말했다.

"신이치 씨에게는 정말로 죄송하지만 이 일을 그만두고 더 많은 분들에게 건강을 전하는 일을 하려고 합니다."

그러자 그는 잠시 입술을 깨물며 생각에 잠겼다. 넓은 수영장에는 그와 나 둘뿐이었다. 잠시 시간이 멈춘 듯했다. 그런데 그가 웃으며 이렇게 말하는 것이 아닌가?

"선생님, 우리는 괜찮으니까 좀 더 사회에 공헌할 수 있는 무대로 나가세요! 나도 젊었을 때는 내 가능성을 믿고 도전했지요. 한 번뿐인 인생이니 자신을 믿고 하고 싶은 일을 마음껏 해봐요!"

그의 말을 듣고 왈칵 눈물이 터져나왔다. 계속 함께 운동하면 더 잘 걸을 수 있을 텐데, 어째서 이토록 내 가능성을 믿고 보내주시는 걸까? 나보다 더 내 가능성을 믿어주시는 이유가 뭘까? 내 평생 잊을 수 없는 한 마디 말이었다.

이처럼 다른 사람이 인정해주고 격려하며 믿어주면 자신이 생각한 것보다 더 큰 가능성을 끌어낼 수 있다. 인생의 대선배인 신이치 씨 덕분에 매우 중요한 것을 배웠다. 이 말 덕분에 지금도 나는 내 가능성을 믿고 힘을 낼 수 있다.

나중에 알았지만 그는 국내 굴지 기업의 임원까지 지냈다고 한다. 젊었을 때부터 자신의 가능성에 도전해서 해외 시장을 개척하고 그 기업이 세계적으로 크게 활약할 수 있는 기초를 만들었다. 그 삶이 소설이 될 정도로 대단한 인물이었다. 내가 이곳에 온 것은 그를 만나기 위해서였을 것이다. 이것은 확실히 운명이라고 느꼈다.

사람은 누구와 만나서 어떤 말을 듣느냐에 따라 인생이 달라진다. 내 꿈과 생각, 또 무엇보다 내 가능성을 믿어준 그의 말이 내 인생을 바꿨다. 이렇듯 사람은 자신의 가능성을 온전히 믿어주는 사람이 있을 때 의욕에 불이 붙는다.

단순한 말 한 마디가
상대방의 의욕에 불을 붙인다

펩 토크 세미나에 참가한 어느 중년 여성에게 "지금까지 들어본 중에 가장 기뻐서 의욕이 생겼던 말은 무엇입니까?"라고 물어본 적이 있었다.

그분은 내 질문에 외아들이 고등학교를 다니던 때의 이야기를 들려주었다. 맞벌이를 했던 그녀는 새벽 5시에 일어나서 출근하기 전에 아들의 도시락을 싸주는 것이 일과였다. 일찍 일어나는 게 질색이었던지라 솔직히 힘든 나날이었다. 하지만 아들은 말수가 적은 탓인지 힘들게 싸준 도시락이 어땠는지 아무리 물어봐도 도통 한 마디도 하지 않았다.

"맛있어? 아니면 맛없어?"

"얘가 정말. 만드는 사람의 입장도 생각해보라고."

이렇게 말하고 싶은 마음이 굴뚝같았지만 속마음을 말하지 못한 채 어느새 아들이 졸업할 때가 되었다. 마지막으로 도시락을 싸던 날, 더 이상 도시락 반찬을 안 만들어도 된다는 생각에 그녀의 마음이 조금 편해졌다. 그날 학교에서 돌아온 아들에게 도시락에 대해 물어보고 싶었지만, 아들은 역시나 말없이 빈 도시락 통만 식탁 위에 올려놓았다.

'내 3년은 도대체 뭐였을까? 그렇지만 이걸로 도시락 싸는 일도 끝이야.'

어깨의 짐이 내려간 듯하면서도 왠지 모르게 허전한 기분이 들었다. 그런데 도시락 통을 씻으려고 열어 보니 쪽지 한 장이 들어 있었다. 쪽지에는 지저분한 글씨로 이렇게 쓰여 있었다.

'엄마, 3년 동안 도시락을 싸주셔서 정말로 고맙습니다. 달걀말이 정말 맛있었어요.'

'바보 같은 녀석, 이제서야 이런 말을 하다니. 좀 더 빨리 말해줬으면 더 열심히 만들었을 텐데…….'

그래도 그 말에 그녀는 지난 3년의 고생이 보람 있게 느껴졌다. 그녀는 이렇게 말했다.

"이 말이 내게는 최고의 펩 토크였어요."

마음의 벽을 허무는 "고마워."

사람은 자신이 도움이 됐다고 느꼈을 때 스스로의 가치를 실감하며 의욕에 불타오른다. "고맙습니다"는 이러한 공헌 욕구를 충족시키는 최고의 말이다.

"옆에 있어줘서 고마워", "생각해줘서 고마워", "~해줘서 고마워." 이런 말들은 일상생활의 어떤 상황에서든지 상대방의 공헌 욕구를 만족시켜줄 수 있다. 그런데 실제로는 대부분의 일본인이 "고맙습니다"라고 말할 타이밍에 "미안합니다"라고 말한다.

엘리베이터를 타려고 서두르는데 문이 막 닫히기 시작할 때 '열림' 버튼을 누르고 기다려준 사람에게 "미안합니다"라고 말하지 않는가? 선물을 사온 친구에게 "미안해"라고 하지 않는가? 전철에서 자리를 양보해준 사람에게 "미안해요"라고 하지 않는가?

물론 '그렇게까지 해주다니 죄송하다'라는 어감으로 "미안합니다"를 사용할 수도 있지만, 이때가 바로 "고맙습니다"라고 말할 기회다. 상대방이 당신에게 도움을 주려는 상황이므로 상대방의 공헌 욕구를 충족시키기 위해 "고맙습니다"를 사용하는 편이 더 좋다. 당신의 "고맙습니다"가 상대방의 의욕에 불을 붙인다는 것을 명심하자.

당신은 "멋지네요", "잘생겼군요", "예뻐요"라고 칭찬받았을 때 자신도 모르게 "아니에요. 그렇지 않습니다"라고 대답한 적이 없는가? 그것이 사실인지 아닌지를 떠나서 상대방은 나름 용기를 내어 당신의 좋은 면을 말해준 것이다. 입장을 바꿔서 한번 생각해보자. 당신이 누군가를 보고 멋지다고 느껴서 "정말 멋지시네요"라고 말했을 때 상대방이 "그렇지 않아요"라고 대답하면 조금 실망하지 않을까? 오히려 "정말로요? 기뻐요!"라고 대답하면 자신의 의견이 받아들여졌다는 생각이 들 것이다.

이처럼 누군가로부터 긍정적인 평가를 받을 때 당신이 어떻게 받아들이는지가 무척 중요하다. 당신이 상대방의 평가를 받아들일 때 그의 공헌 욕구가 충족되고 그로부터 새로운 의욕을 이끌어낼 수 있다. 따라서 누군가가 "멋지네요"라고 했을 때 "아닙니다. 당치도 않아요"라고 하는 대신에 "고마워요. 그렇게 말해주니 기쁩니다"라고 말해보는 것이 좋다.

"예뻐요"라고 말해준 사람에게도 "고맙습니다. 제가볼 때는 못났다고만 생각했는데 덕분에 자신감이 생겼어요"라고 말해보면 어떨까. 그 말을 듣는 순간 상대방의 공헌 욕구가 충족될 것이다. 즉 당신의 '받아들이는 힘'이 상대방의 의욕에도 불을 붙여주는 것이다.

이렇듯 당신이 어떻게 말하고 받아들이느냐에 따라 상대방의 의욕이 솟아나서 행동으로 이어지는 경우가 있는 반면, 행동을 멈추게 되는 경우도 있다. 의욕이 왜 반드시 행동으로 이어지지 않는 것일까?

그 이유는 누구에게나 어떤 행동을 시도하기 전에 '마음의 벽'이 생기기 때문이다. 이제부터는 '사람이 원래 갖고 있는 힘을 발휘하지 못하는 이유'에 관해서 설명하겠다.

2부

장애물 넘기

우리는 왜 항상
실력을 100%
발휘하지 못할까?

'잘해야 한다, 실수하면 안 된다'라는 생각 때문에
긴장, 불안 등이 생기면서 우리는 자신감을 잃는다.
충분한 힘을 갖고 있으면서도 발휘하지 못하는
안타까운 상태를 자초하는 것이다.
격려의 말로 상대방의 긴장과 불안을 털어내면
원래 갖고 있는 힘을 온전히 드러낼 수 있다.

누구나 긴장한다

나는 스키 때문에 홋카이도에 있는 대학교를 선택했을 정도로 스키를 매우 좋아한다. 매년 홋카이도 스키 기술 선수권 삿포로 대회에 출전했는데, 좀처럼 예선을 통과하지 못해서 억울한 마음이 있었다. 그러다 몇 년 전 이번에는 꼭 통과하겠다며 육상 훈련을 거듭하고 여름에는 뉴질랜드까지 원정을 가서 연습하며 1년 동안 무려 190일이나 스키를 탔다.

연습한 성과가 있었는지 그해에는 컨디션이 좋아서 4종목 중 3종목이 끝난 단계에서 예선을 여유롭게 통과할 것 같은 기세였다. 그러나 마지막 종목은 가장 급경사가 심한 코스였다. 게다가 앞서 많은 선수들이 활주한 탓에 표면이 울퉁불퉁 파여 있었다. 그렇다고 해도 평소 실력을 발휘하면 전혀 문제될 것 없는 상황이었다.

내 차례가 돌아와서 출발 지점에 섰을 때 익숙한 경사면인데도 어쩐지 평소보다 경사가 더 급하고 훨씬 거칠어 보였다.

'결승점까지 무사히 내려갈 수 있을까?'

문득 떠오른 생각에 나는 갑자기 불안해졌다. 긴장으로 머릿속이 새하얘지고 온몸이 후들후들 떨렸다. 그런 상태에서 매정하게 출발 신호가 떨어졌고 어쩔 수 없이 활주를 시작해야 했다.

정신을 차려 보니 눈 깜짝할 사이에 결승점에 도착해 있었다. 어떻게 내려왔는지조차 거의 기억나지 않았다. 코치가 그토록 형편없는 활주는 본 적이 없다며 비웃었을 정도였다. 결국 마지막 종목이 발목을 붙잡은 바람에 예선 통과에 실패했다.

'그때 누군가 나에게 펩 토크를 해줬더라면…….'

몸을 단련하고 기술을 갈고닦았지만 머릿속이 새

하얘져서 자신이 무엇을 했는지 기억하지 못할 정도로 긴장한 상태에서는 원래 갖고 있는 힘을 발휘할수 없다. 아무리 실력이 있어도 실전에서 발휘하지못하면 정말로 억울할 것이다.

사실 펩 토크의 진정한 힘은 이러한 긴장, 불안 같은 심리적인 벽을 억지로 없애는 것이 아니다. 오히려 사고방식을 바꾸거나 지금 갖고 있는 것에 관심을쏟아서 기분을 전환하고 자신감을 회복하여 그 사람답게 극복할 수 있는 용기를 주는 것이다.

원래 갖고 있는 힘을 발휘할 수 있는 마음 상태

사람은 누구나 가능성으로 가득 차 있으며 행동으로 눈앞의 현실을 바꾸고 성과를 내며 꿈을 이루는힘을 갖고 있다. 하지만 과연 우리는 평소에 그 힘을얼마나 발휘할 수 있을까? 만약 당신이 리더라면 상대방이 어떤 방법으로 실전에서 제 실력을 발휘하게도와줄 수 있을까?

원래의 힘을 발휘할 수 있느냐 없느냐는 그 사람

66

사실 펩 토크의 진정한 힘은 이러한 긴장, 불안 같은

심리적인 벽을 억지로 없애는 것이 아니다.

오히려 사고방식을 바꾸거나 지금 갖고 있는 것에 관심을 쏟아서

기분을 전환하고 자신감을 회복하여

그 사람답게 극복할 수 있는 용기를 주는 것이다.

99

이 갖고 있는 힘과 마음의 상태로 결정된다. 이는 '리소스resource'와 '리소스풀resourceful'이라고 불린다. 리소스란 그 사람이 '원래 갖고 있는 힘'이다. 여기서 갖고 있는 힘은 지식, 능력, 경험 등 그 사람 속에 존재하는 것(돈, 도구 등도 포함된다), 또는 협력해주는 사람(동료, 인맥) 등 외부에 존재하는 것까지 포함한다. 이에 대하여 리소스풀은 '원래 갖고 있는 힘을 다 발휘할 수 있는 마음의 상태'다.

사실 우리가 원래 갖고 있는 힘을 늘 100퍼센트 발휘할 수 있는 것은 아니다. 힘을 있는 그대로 발휘할 수 있다면 스포츠나 시험, 업무에서도 평소 실력대로 결과가 나오겠지만 실제로는 그렇지 않다. 이 힘을 다 발휘하는 데 영향을 주는 것이 바로 마음의 상태, 리소스풀이다. 반대로 힘을 다 발휘할 수 없는 마음의 상태를 '언리소스풀unresourceful'이라고 한다.

원래 갖고 있는 힘을
완전히 드러내는 용기

리소스풀이란 이를테면 '자신 있다, 기쁘다, 즐겁다, 설렌다, 애정이나 감사로 넘친다, 자유롭다' 등 긍정적인 마음 상태를 가리킨다. 언리소스풀이란 '자신 없다, 불안하다, 걱정된다, 긴장된다, 두렵다, 질투 난다' 등 부정적인 마음 상태다. 앞에서 설명했던 긴장이나 불안 같은 심리적인 벽이 바로 여기에 포함된다.

만약에 당신이 원래 갖고 있는 힘, 즉 리소스가 100이라고 치자. 당신이 리소스풀한 상태에 가까울수록 100에 가까운 힘을 발휘할 수 있고, 언리소스풀한 상태에 가까울수록 0에 가까운 힘밖에 발휘하지 못한다

(76쪽 참조).

일반적인 예를 들어보자. 우리는 보통 중학교, 고등학교, 대학교를 합치면 10년 가까이 교육을 받는데도 영어로 대화하지 못하는 사람이 놀라울 정도로 많다. 입시에서도 영어는 필수 과목이기 때문에 영단어나 문법 등 지식의 리소스는 갖고 있다. 그러나 막상 거리에서 외국인이 길을 물어보면 말문이 턱 막힌다. 중학교에서 배우는 수준의 단어나 문법만으로 충분히 대답할 수 있을 텐데 말이다.

이는 리소스가 이미 있는데도 '정확한 문법으로 대답해야 한다', '정확한 발음으로 말해야 한다'는 선입견 때문에 긴장, 불안 등이 생기면서 언리소스풀한 마음 상태가 되기 때문이다. 충분한 힘을 갖고 있으면서도 발휘하지 못하는 안타까운 상태인 것이다.

"일단 시도해보자!" vs. "실패하면 어쩌지?"

나는 한 코미디언을 보고 진정한 '리소스풀'이란 바로 이런 것임을 깨닫고 큰 충격을 받은 적이 있다. 어느 TV 프로그램에서 코미디언은 미국에 가서 영어만 사용하여 목적지에 도착해야 하는 미션을 받는다.

그는 영어로 술술 말하는 데 성공했을까? 그렇지 않다. 오히려 그 반대라서 발음과 문법 모두 엉망진창이다. 즉 영어 회화에 필요한 리소스가 정말로 적다. 하지만 미션을 차근차근 수행해나간다. 그가 깜짝 놀랄 정도로 리소스풀하기 때문이다. 그는 길을 가는 사람에게 자유의 여신은 '프리 우먼 돌free woman doll', 멧돼지는 '빅 니어 애니멀big near animal'이라고 하는 등 자신이 알고 있는 몇 안 되는 단어들로 무작정 말을 건다. 게다가 이를 큰 목소리로 반복해서 외치며 문법이 엉망이라도 개의치 않고 질문한다. 몸짓 손짓뿐만 아니라, 때로는 노래까지 부르며 의사소통한다.

나는 이 장면을 보고 그의 마음 상태에 주목했다. 그는 상대방을 어떻게든 이해시켜서 미션을 완료하기 위해 자신이 갖고 있는 것을 아낌없이 사용했다. 이와 비교하면 나를 포함하여 대부분의 일본인은 정확한 말인지 아닌지 지나치게 신경 쓰는 바람에 심리적으로 위축되며 자신이 갖고 있는 힘을 거의 발휘하지 못한다.

사람들에게 펩 토크에 대해 설명할 때 내가 거듭 강조하는 말이 있다.

'지금 갖고 있는 것으로 최선을 다하자!'

이는 리소스풀한 마음가짐으로 자신이 갖고 있는 힘을 전부 발휘하자는 뜻이다. '할 수 있느냐 없느냐가 아니라, 하느냐 마느냐가 중요하다!'라는 말 역시 중요하다고 생각한다. 뭔가를 시도할 때 '실패하면 어쩌지?', '창피를 당하지 않을까?' 하는 마음이 들 때가 있다. 지극히 자연스러운 일인 만큼 확실히 그런 마음도 이해한다. 그러나 이런 불안, 걱정 때문에 소극적인 마음 상태로는 원래 갖고 있는 힘을 발휘하기가 상당히 어렵다.

반대로 뭔가를 할 때 '해봐야 알 수 있으니 일단 해보자', '잘되지 않더라도 그것은 실패가 아니라 좋은 경험이 될 것이다'라는 마음이 들 수도 있다. 용기가 필요하지만 이렇게 적극적인 마음의 상태가 바로 리소스풀한 것이다.

리소스풀한 마음 상태의 좋은 점은 두 가지가 있다. 하나는 원래 갖고 있는 힘을 그때그때 발휘하기 쉽다는 점이다. 또 하나는 언리소스풀한 상태일 때보다 더 많이 행동할 수 있어서 그만큼 다양하게 경험을 쌓기 쉽고, 그 속에서 지식이나 능력을 갈고닦으면서 리소스가 전보다 늘어난다는 점이다.

나는 이런 마음 상태에서 비로소 목표 달성이나 꿈의 실현에 박차를 가할 수 있다고 생각한다. 원래 갖고 있는 힘을 키우려면 평소에 꾸준히 연습하고 경험을 쌓는 것이 중요하지만, 그 힘을 실전에서 발휘하려면 의욕을 보이는 마음이 중요하다.

그럼 사람은 언제, 어떤 관계에서 의욕을 발휘할 수 있을까? 펩 토크를 사용해서 상대방의 긴장과 불안을 털어내고 적극적인 마음 상태로 만들어주면 그 사람은 원래 갖고 있는 힘을 온전히 드러낼 수 있다.

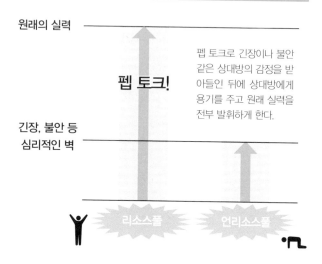

마음 상태가 실력 발휘에 어떤 영향을 미칠까

원래의 실력

펩 토크로 긴장이나 불안 같은 상대방의 감정을 받아들인 뒤에 상대방에게 용기를 주고 원래 실력을 전부 발휘하게 한다.

펩 토크!

긴장, 불안 등
심리적인 벽

리소스풀

언리소스풀

리소스

그 사람이 원래 갖고 있는 100퍼센트의 실력

리소스풀

실력을 다 발휘할 수 있는 긍정적인 마음 상태

자신 있다. 기쁘다. 즐겁다. 설렌다. 애정이나 감사로 넘쳐난다. 자유롭다 등

언리소스풀

실력을 다 발휘하지 못하는 부정적인 마음 상태

자신 없다. 불안하다. 걱정된다. 긴장된다. 공포스럽다. 질투 난다 등

힘내라는 말보다 힘이 나는 말이 있다

창피당하지 않겠다는 생각이
인생에 미치는 영향

펩 토크는 상대방이 갖고 있는 힘을 100퍼센트 이끌어내기 위해서 탄생한 대화법이다. 스포츠에서는 팀을 통솔하는 감독, 코치, 주장이 선수들이 최고의 경기를 펼치도록 기운을 북돋을 때 사용한다. 회사에서는 경영자, 간부 등이 부하 직원을 격려하거나 팀의 사기를 높이기 위해서 사용한다. 학교에서는 교사가 학생들에게 의욕을 불어넣기 위해서, 가정에서는 부모가 아이에게 삶에 필요한 용기를 주기 위해서 사용한다.

일상생활에서 누군가를 격려하기란 생각처럼 쉽지

않다. 나도 펩 토크를 알기 전까지는 리더로서 팀원의 힘을 이끌어내기는커녕 그나마 있는 의욕을 꺾기 일쑤였다. 머릿속에 생각은 있는데 잘 소통할 줄 몰라서 상대방에게 자신의 생각을 전하지 못하는 '부끄러운 리더'였다.

정답만 찾게 하는 것은 정답이 아니다

나는 초등학교 3학년까지 성적이나 행동 모두 크게 눈에 띄지 않는 조용한 아이였다. 유치원 때 사립 초등학교의 입학시험을 봤는데, 멍하니 있다가 수험표에 붙어 있는 사진이 나라는 것도 몰라서 성적과 상관없이 불합격을 당했을 정도였다. 그런 내가 초등학교 4학년이었을 때 사건이 일어났다. 어느 날 점심시간, 운동장에서 친구들과 피구를 하고 교실로 돌아오니 낯익은 파란색 주머니, 그날 사용하지 않은 노트와 너덜너덜한 종잇조각, 구겨진 휴지 조각 등이 칠판 앞 교탁 위에 진열되어 있었다.

"어라?"

무슨 영문인지 몰라 어리둥절해 있는데 담임 선생님이 반 아이들에게 이렇게 말했다.

"이것은 다이스케의 가방 속에 있던 물건이에요. 정말로 지저분하죠?"

분명히 선생님은 내가 좀 더 깔끔하게 정돈하기를 바라고 하신 말이었을 것이다. 하지만 가방 속에 불필요한 물건이 들어 있었다는 이유로 그런 일을 당한 나는 '남들 앞에서 구경거리가 되었어. 창피해'라는 생각에 사로잡혔다. 당시 나에게는 매우 충격적인 사건이었다. 그리고 마음속으로 이렇게 맹세했다.

'두 번 다시 창피당하지 않을 거야.'

그날 이후 나는 무엇보다 창피당하지 않겠다는 생각으로 행동했고 늘 정답만 찾게 되었다. 틀리면 부끄러웠기 때문이다. 그런데 얄궂게도 이 사건 이후 학교 성적이 점점 좋아졌다. 공부가 좋아서, 즐거워서가 아니라 창피를 당하지 않겠다는 마음으로 했기 때문이다.

나는 항상 완벽을 추구하기 위해 노력했다. 하지만 이렇게 노력하는 모습을 남에게 보이거나 실패하는

뭔가를 할 때 '해봐야 알 수 있으니 일단 해보자', '잘되지 않더라도
그것은 실패가 아니라 좋은 경험이 될 것이다'라는 마음이 들 수도 있다.
용기가 필요하지만 이렇게 적극적인 마음 상태가 필요하다.

것은 꼴사납다고 생각했다. 또한 자신의 마음을 솔직하게 전하는 것도 부끄럽다고 느꼈다. 그래서 상대방의 기분이 어떤지 먼저 물어보지도 못했다.

반면 추진력은 남보다 몇 배나 강해서 리더를 맡는 경우가 늘어났다. 창피를 당하고 싶지 않다는 마음이 너무나 절실한 나머지 반드시 성과를 내지 않으면 성에 안 찼다. 상대방과 소통할 때는 감정보다 이론을 앞세워 행동했다. 정론을 내세워서 상대방을 꺾어 누르기도 했다.

나는 그 상태로 성인이 되어 자신의 생각도 표현하지 못하고 상대방의 생각도 묻지 못했다. 게다가 평소에는 술의 힘을 빌렸을 때에만 자신이 넘쳐서 솔직해지는 인간이었다. 당시 주위 사람들은 내가 성과는 잘 내지만 도통 무슨 생각을 하는지 알 수 없는 리더라고 판단했다.

단 한 사람의 의욕을 끌어내지 못하면 생기는 일

나는 서른한 살 때 지역 중심 병원의 재활 치료과

에 물리치료사로 취직했다. 직원이라고는 나와 선배 물리치료사 단 두 명뿐인 소규모 재활 치료과였다.

원래 나는 사람의 건강에 관심이 많아서 체육 교사 자격증을 취득하여 교육 현장에서 경험을 쌓았다. 그러나 운동하는 방법을 알려줄 수는 있어도 현장에서 학생들이 부상으로 몸 상태가 좋지 않다고 호소할 때 조언을 제대로 할 수 없어서 고민이 컸다.

그래서 좀 더 의학적인 지식을 갖고 학생들을 대하고 싶어서 물리치료사 자격증 취득에 도전했다. 3년 동안 학교를 다닌 후 국가시험을 보고 멋지게 합격했지만 자격증을 딴 것만으로는 장롱면허나 다름없었다. 의료 현장에서 직접 경험을 쌓고 싶은 마음에 병원에 취직했던 것이다. 그 병원은 지역의 중심 의료 기관으로 그 역할에 대한 기대가 컸지만 당시에는 부문별 연계도 적었고 잠재력이 있는데도 전혀 살리지 못하는 답답한 상황이었다.

나는 병원을 활성화시키고 싶은 마음에 일단 아침부터 밤까지 쉬지 않고 일했다. 하지만 선배 물리치료사와 사사건건 의견이 맞지 않았다. 게다가 당시

나는 상대방에게 정론으로 부딪쳐서 의견을 꺾어 누르려고 했기 때문에 늘 말다툼이 끊이지 않았다. 그러다 보니 선배와의 마음의 거리가 서서히 멀어져서 막판에는 바로 옆자리에 앉아 있는데도 대화는 메일로 주고받는 지경에 이르고 말았다.

그래도 일은 열심히 한 덕분인지 재활 치료과의 업무 성과는 계속 좋아졌다. 개인적으로 실적을 인정받고 병원 규모도 확대되어서 직원도 점점 늘어났다. 마침내 나는 직원 열 명인 재활 치료과의 관리자가 되었지만, 선배는 고립되었고 우리 둘 사이의 불화는 더더욱 심해지기만 했다. 아침 조회 때는 선배가 혼자서 등을 돌리고 있을 정도였고 나도 그런 선배에게 먼저 다가가지 못했다.

선배지만 처음에는 직원 두 명뿐인 직장에서 유일한 동료이기도 했다. 나는 선배가 나와 합심하여 재활 치료과를 활성화시키기를 바랐다. 하지만 이제 와서 생각해보면 그런 마음도 그의 생각에는 귀 기울이지 않고 일방적으로 전했을 뿐이었다.

선배의 입장에서는 내가 그저 멋대로 행동하며 남

의 생각도 들어주지 않고 조직을 억지로 끌어 나가려고 하는 리더로 보였을 것이다. 그는 내가 좀 더 자신에게 관심을 갖고 어떻게 하면 함께 행동할 수 있을지 생각해주기를 바라지 않았을까?

당시의 나는 다른 사람과의 소통, 특히 리더로서의 소통이 무엇인지 몰랐다. 이야기를 듣거나 남을 격려하거나 의욕을 이끌어내지도 못했다. 결국에는 리더인 내가 선배와의 인간관계에 지칠 대로 지쳐서 병원을 관두고 직접 만든 팀을 떠나는 슬픈 선택을 하고 말았다.

일도 잘하고 실적도 올렸지만 단 한 사람의 마음을 움직이지 못해서 결국 내가 먼저 동료를 버리고 병원을 떠나기로 한 것이다. 정말로 부끄럽기 짝이 없는 리더였다.

네가 가장 듣고 싶은
말은 무엇일까?

나는 리더로서 내 진심을 상대방에게 제대로 전할 줄
몰랐다. 이런 나를 구해준 것이 바로 펩 토크와 코칭
이었다. 구성원들의 의욕을 끌어내는 리더가 되고 싶
지만 될 수 없었던 나는 고민 끝에 심리 상담 코치를
만나보기로 했다. 그녀는 내 부끄러웠던 과거의 경험
을 끌어내며 내 감정에 공감해줬다.

상담을 통해 나는 초등학교 4학년 때 겪은 사건 때
문에 창피를 당하고 싶지 않다는 생각이 마음의 벽을
만들었다는 사실을 깨달았다. 마지막으로 그녀는 내
게 이렇게 질문했다.

"다이스케 씨는 '대단한 결과를 내지만 무슨 생각을 하는지 알 수 없는 리더'와 '결과는 대단하지 않지만 생각을 말해주고 자신의 이야기를 들어주는 리더'가 있다면 구성원으로서 어느 쪽을 따라가고 싶죠?"

내가 즉시 "당연히 후자 아닌가요?"라고 대답하자 그녀는 대뜸 "그럼 그렇게 하면 되잖아요"라며 간단하게 말했다. 또 이렇게 덧붙였다.

"그리고 바보 같은 행동을 하든 실패하든 상관없어요. 뭐든지 완벽한 리더는 재미없잖아요. 당신이라면 할 수 있어요!"

나에게는 상당히 충격적인 말이었다. 애초에 나는 내가 리더로서 무엇을 잘못했는지 생각하지도 못했다. 그러나 상담을 통해 창피당하고 싶지 않다는 마음의 벽이 나를 내 생각을 전하지 못하고 상대방의 이야기를 들을 줄도 모르는 리더로 만들었다는 것을 알았다.

이 상담을 계기로 내 의욕에 불이 붙었다. 구성원이 자발적으로 참여하도록 유도하고 함께 성과를 만들어내는 리더로 새로 태어나며 자신 있게 첫걸음을 내딛게 된 것이다.

소통 방식이 삶을 바꾼다

실제로 두 시간 동안의 상담 코칭은 다음과 같이 네 가지 단계를 따라갔다.

- 내담자가 과거의 경험이나 생각을 받아들이도록 돕는다.
- 문제에 대해 파악하는 사고방식을 바꿔준다.
- 문제의 대안이 되는 구체적인 행동을 하도록 권유한다.
- 내담자에게 할 수 있다고 격려한다.

3부에서 자세히 말하겠지만 이는 펩 토크를 구성하는 4단계와 똑같다. 앞서 설명했듯이 펩 토크란 원래 스포츠 시합 전에 감독, 코치 등 지도자 입장에 있는 사람들이 선수를 격려하는 짧은 연설을 가리키는데, 지도자가 평소의 코칭 노하우를 집대성하여 실전 직전에 선사하는 말이기도 하다. 이 펩 토크는 이른바 코칭의 모든 과정을 1분으로 압축한 것과도 같다. 상대방의 입장이 되어 지금 가장 듣고 싶은 말을 진심으로 전하는 것이다.

몸소 코칭을 경험하고 펩 토크를 배우고 난 뒤 나는 상대방에게 내 생각을 망설임 없이 전달할 수 있게 되었다. 말의 힘을 실감하며 생각을 전달하고 상대방의 마음에 불을 붙이는 말의 기술을 배웠고, 또 일상에서의 열린 소통 방법까지 바꿀 수 있었다.

펩 토크의 또 다른 특징은 단시간에 해낼 수 있다는 점이다. 단 1분 만에 상대방의 마음에 불을 붙일 수 있다. 이처럼 짧은 시간 안에 상대방을 격려할 수 있는 펩 토크는 효율적으로 시간을 관리해야 하는 리더에게 필수이다.

긴장을 희망으로 바꿔주는
1%의 마법

일본에서도 리더의 말 한 마디가 역사에 길이 남을 결과로 이어진 사례가 있다.

2011년 8월 독일에서 열린 여자 월드컵 축구 대회. 마침 그해 동일본 대지진이 일어나 나라 전체가 침울해진 가운데 여자 축구 대표 선수들은 '이런 때이니만큼 모두에게 좋은 결과를 선사하고 싶다!'라는 마음으로 개최국 독일로 향했다.

강적 독일을 준결승에서 물리치고 만난 결승 상대는 만만치 않은 맞수인 미국이었다. 여자 축구 대표팀은 미국과의 시합에서 그때까지 무승부를 포함하여

21연패 중이었고 한 번도 이긴 적이 없었다.

하지만 선수들은 씩씩하게 잘 싸웠다. 1점 뒤진 상태에서 연장전 종료 3분 전, 일본이 코너킥 기회를 얻었고 기적 같은 위치에서 슛을 넣어 동점으로 따라잡았다. 그대로 연장전이 끝나고 승부차기로 넘어갔다.

월드컵 첫 우승이 걸린 승부차기. 아마 일본의 온 국민이 마른침을 삼키며 그 사투를 지켜봤을 것이다. 만약에 당신이 선수라면 어땠을까? 극심한 부담감에 당장이라도 도망치고 싶지 않았을까? 네 번째로 슈팅할 예정이었던 선수는 승부차기를 못 하겠다며 다른 선수에게 넘겼을 정도였다.

이렇게 부담감이 극에 달한 상황에서 팀 전체의 의욕을 최대한 이끌어내며 선수들의 긴장을 힘으로 바꾼 인물이 있었다. 여자 축구 대표 팀을 지휘한 사사키 노리오佐々木則夫 감독이었다.

"마음껏 즐기고 와!" vs. "실수하지 마!"

그는 승부차기 전에 선수들과 함께 빙 둘러선 뒤

의도적으로 밝은 분위기를 연출하며 이렇게 말했다.

"마음껏 즐기고 와!"

세계 최강을 결정하는 순간을 눈앞에 두고 감독이 선수들에게 한 말은 "꼭 이겨야 해!", "정신 바짝 차려!"도, 하물며 "실수하지 마!"도 아니었다.

"즐기고 와!"라고 말한 감독은 진심으로 선수들의 마음을 이해했다. 승부차기 직전, 선수들이 듣고 싶은 말은 바로 이 한 마디였다. 반드시 이겨야 한다, 꼭 승리해야 한다는 부담감을 떨쳐내고 우리답게 즐거운 축구를 하자! 이런 설레는 마음을 갖게 하는 말을 선택한 것이다.

앞에서 소개한 영화 〈미라클〉에서 등장한 감독처럼 의욕을 서서히 고조시키는 말을 되풀이한 펩 토크와는 다른 유형이라고 볼 수 있다. 그러나 이 말 한 마디에는 상대방의 상황을 받아들이고 기분을 전환시켜서 행동을 명확하게 하고 용기를 주는 펩 토크의 모든 핵심 요소가 완전히 집약되어 있다.

여자 축구 대표 선수들은 감독의 말대로 긴장감 넘치는 무대를 마음껏 즐기며 월드컵 첫 우승을 쟁취했다. 이날 선수들이 끝까지 힘을 발휘할 수 있도록 도와준 것이 바로 펩 토크였던 것이다.

"마음껏 즐기고 와!"
세계 최강을 결정하는 순간을 눈앞에 두고 감독이 선수들에게 한 말은
"꼭 이겨야 해", "정신 바짝 차려!"도, 하물며 "실수하지 마!"도 아니었다.
승부차기 직전, 선수들이 듣고 싶은 말은 바로 이 한 마디였다.

3부

실전 기술

힘내라는 말보다
힘이 센
한마디 말

: 끝났다고 생각한 순간 한 발 내딛게 하는 격려 방법

실전을 앞두고 상대방이 어떤 입장, 상황, 심리 상태인지
이해하고 인정하는 과정이 중요하다.
그래야 원래 갖고 있는 힘을 발휘할 수 있도록
한창 실전 중에 어떤 점을 신경 써야 하고
무엇을 해야 하는지 정확하게 조언할 수 있다.
펩 토크란 상대방의 '의욕 스위치'를 누르는 말과 같기 때문이다.

"화이팅" 말고도
할 수 있는 말은 많다

이쯤에서 펩 토크가 무엇인지 복습해보자. 펩 토크는 1분 만에 상대방의 의욕에 불을 붙이는 대화법으로, 주로 스포츠에서 감독이나 코치가 시합 전에 선수들의 사기를 높이기 위해서 하는 말이다. 지금은 하나의 코칭 기술로서 수많은 기업에서 도입하여 리더가 팀원들의 의욕을 이끌어내는 방식으로 발전했다. 또한 누구나 쓸 수 있는 격려의 기술이며, 미국 전역에 널리 퍼져 더욱 친숙해진 대화법이다.

이제부터 펩 토크의 구조와 핵심 요소 등에 관해서 설명할 텐데, 일단 그 전제로 알아두어야 할 것이 있다. 바로 펩 토크의 다섯 가지 규칙이다.

1. 긍정적인 말을 사용한다.
2. 짧은 말을 사용한다.
3. 알기 쉬운 말을 사용한다.
4. 상대방이 가장 듣고 싶어 하는 말을 사용한다.
5. 상대방과 진심 어린 관계를 맺는다.

일상생활에서 '의욕 스위치'를 누르는 말 사용법

1. 긍정적인 말을 사용한다

긍정적인 관점이나 표현으로 메시지를 전하면 상대방의 마음 상태가 리소스풀해진다. 이런 적극적인 마음 상태는 상대방이 갖고 있는 힘을 더욱 쉽게 발휘할 수 있도록 돕는다. 예를 들어 축구 시합에서 "슛이 빗나가면 안 돼!"라는 말과 "공이 오면 마음껏 발을 휘둘러!"라는 말을 들었을 때 각각 어떤 느낌이 드는가? 후자가 힘을 발휘하기 더 쉽지 않을까?

또 고객이 클레임을 걸었을 때 상사가 "또 문제가

생긴 모양이군. 왜 늘 말썽만 일으키나?"라고 하는 것과 "이건 좀 더 좋은 서비스를 할 수 있는 기회야"라고 하는 것은 어떤가? 후자가 일할 의욕이 생길 것이다.

펩 토크의 첫 번째 규칙 '긍정적인 말을 사용한다'는 상대방의 불안이나 긴장을 없애기 위해 반드시 필요한 요소다.

2. 짧은 말을 사용한다

펩 토크는 실전이 시작되기 직전, 시간이 별로 없는 상황에서 사용되는 경우가 많은 만큼, 짧은 말로 전달할수록 효과적이다. 장황한 말에는 불필요한 정보와 의미 없는 반복 표현이 많아지기 쉽다. 이러면 실전 직전의 귀중한 시간을 낭비할 뿐 아니라 말을 듣는 데 집중력을 꽤 써야 한다는 단점이 있다.

짧은 말을 사용하면 상대방의 마음에 좀 더 빠르고 가볍게 전해지므로 가능한 한 쓸데없는 말을 줄여야 한다. 이를테면 다음에 예로 든 말은 너무 길어서 상대방에게 생각을 전하기 어렵다.

긍정적인 말이나 의욕을 이끌어내는 말이 상대방에게 전해질 수 있는 것은
두 사람 사이에 진심 어린 관계가 형성되어 있기 때문이다.
당신이 상대방을 진심으로 응원하고 성공하기 바라는 마음을 갖는 것이 중요하다.
이런 관계가 돈독할수록 말 한 마디가 더욱 강하고 더 예리하게 와 닿는다.

"상대 팀의 공격은 매우 강하다. 경기 중에 제법 공격이 들어올 것으로 예상된다. 어떤 공격을 당하든 우리는 끝까지 견뎌야 한다. 일단 버티는 것이다. 그리고 빈틈없이 수비하면 반드시 기회가 찾아온다. 힘들 수 있지만 그 기회를 확실히 기다려서⋯⋯"

이래서는 듣는 사람이 이야기의 요점을 파악하지 못하며 머릿속에도 잘 들어오지 않는다. 좀 더 쉽게 전하려면 짧은 말이 효과적이다. 예를 들어 "빈틈없이 수비해서 단 한 번의 기회라도 손에 넣자!"라고 해야 듣는 사람도 말의 핵심을 쉽게 이해할 수 있다.

3. 알기 쉬운 말을 사용한다

시합 전 선수들의 정신 상태는 평상시와 다르다. 긴장하거나 불안해지고 반대로 기합이 들어가거나 흥분한다. 일상에서도 중요한 일을 앞두면 마찬가지 반응이 일어난다. 이럴 때 어려운 표현을 사용하면 상대가 의미를 곧바로 이해하지 못해 의욕을 살려줄 기회를 안타깝게 놓치고 만다. 그러므로 평소에 자주 사용하고 상대방이 이해하기 쉬운 말을 선택해야 한다.

앞서 이야기했듯 펩 토크는 원래 미국에서 발전했다. 이 나라에는 다양한 언어를 사용하는 여러 문화 출신의 사람들이 모여 있다. 영어 실력이 뛰어난 사람만 있다고 할 수 없기 때문에 더더욱 모두가 알 수 있는 단순한 말로 전달해야 했다.

예컨대 "승부의 세계는 반드시 우승열패라고 할 수 없어!"라고 하면 말하는 사람은 짧고 멋진 표현이었다며 뿌듯해할지도 모른다. 그러나 듣는 사람이 '우승열패'의 의미를 모르면 머리로든 마음으로든 전혀 받아들여지지 않는다. '우승열패'를 평소에 사용하는 말로 바꿔서 "강한 사람이 이기는 게 아니야. 이긴 사람이 강한 거야!"라고 표현해야 모든 사람에게 메시지를 전할 수 있다.

4. 상대방이 가장 듣고 싶어 하는 말을 사용한다

우리는 무의식중에 자기 중심적인 입장에서 말하기 쉬운데, 누구보다 상대방의 입장이 되어 그 사람의 심리 상태를 이해하고 공감해서 말을 걸어야 한다. 펩 토크란 자신이 하고 싶은 말을 하는 것이 아니라 상대방이 가장 듣고 싶어 하는 말을 하는 것이다.

실전을 앞두고 상대방이 어떤 입장, 상황, 심리 상태인지 이해하고 인정하는 과정이 중요한 이유다. 그래야 원래 갖고 있는 힘을 발휘할 수 있도록 한창 실전 중에 어떤 점을 신경 써야 하고 무엇을 해야 하는지 정확하게 조언할 수 있다. 펩 토크란 상대방의 '의욕 스위치'를 누르는 말과 같기 때문이다.

4부에서 자세히 설명하겠지만 이런 의욕 스위치는 사람마다 다르다. 지금까지 주로 스포츠에서 사용된 펩 토크를 예로 들었는데, 사실 모두가 같은 말로 의욕을 얻는다고 할 수는 없다(오히려 스포츠에서 쓰이는 펩 토크에 부담을 느끼는 사람도 있다). 사람마다 가장 듣고 싶어 하는 말이 다르기 때문이다.

5. 상대방과 진심 어린 관계를 맺는다

긍정적인 말이나 의욕을 이끌어내는 말이 상대방에게 전해질 수 있는 것은 두 사람 사이에 진심 어린 관계가 형성되어 있기 때문이다. 당신이 상대방을 진심으로 응원하고 성공하기 바라는 마음을 갖는 것이 중요하다. 그러기 위해서는 평소부터 신뢰 관계를 쌓아두어야 한다. 이런 관계가 돈독할수록 말 한 마디의 영향력이 더욱 강해지고 실전 전의 말이 더 예리하게 와 닿는다. 이는 중요한 규칙이므로 4부에서 더 자세히 설명하겠다.

사람의 마음을 흔드는
한 마디는 무엇이 다를까

내가 지금껏 듣고 감동한 말 중 단연 최고가 있다. 45초 만에 선수들의 마음에 불을 붙이고 영혼을 뒤흔든 펩 토크이다.

일본 미식축구 경기 중에 사회인 1위 팀과 학생 1위 팀이 싸워서 전국 최강을 결정하는 '라이스볼'이라는 시합이 있다. 2009년 학생 챔피언 팀(리쓰메이칸대학교)을 지휘한 사람은 후루하시 유이치로古橋由一郎 감독이었다. 그는 강적 사회인 챔피언 팀(마쓰시타전공)과의 시합을 앞두고 긴장과 흥분을 억누르지 못하는 선수들에게 이런 펩 토크를 했다.

"남자에게는 인생을 걸고 싸워야 할 때가 있다. 상대 방이 아무리 강하고 절대적으로 유리하다고 해도 맞서야만 할 때가 있어.

마쓰시타전공이 강하고 유리하다는 것은 기자들의 말일 뿐이잖아. 플레이나 팀워크, 어느 것을 따져 봐도 우리 쪽이 훨씬 위야! 그 정도의 힘은 너희들 개개인이 다 갖고 있다.

너희들이라면 할 수 있어, 너희들이라면 할 수 있다고! 하자! 끝까지 노력하고 있는 힘을 다 발휘해서 오늘 이기는 거야!
자, 이기자! 1, 2, 3, GO!"[3]

이 45초짜리 펩 토크를 들은 선수들은 감동받아 눈물을 흘렸고, 경기를 시작하자마자 엄청난 플레이를 연발했다.

• • •

3 출처 : youtube.com/watch?v=B5snfT_KMAg

4단계만 따라가면 그 한 마디가 완성된다

감독이 선수들에게 한 말은 펩 토크의 모든 핵심 요소를 완벽하게 담고 있다. 펩 토크는 사람의 감정 변화를 파악하여 적극적인 마음 상태로 이끌기 위한 논리적인 구조로 이루어져 있다.

이 구조는 모두 4단계로 성립되며 각 단계에 해당하는 말을 쭉 나열하면 최종적으로 펩 토크가 완성된다. 즉 네 가지 이야기를 만들어서 이를 순서대로 말하는 단순한 방법이다. 네 가지 이야기는 앞에서 설명한 다섯 가지 규칙에 따라 1분 이내의 분량으로 정리한다. 펩 토크의 4단계는 다음과 같다.

펩 토크의 4단계

1. 수용(사실 받아들이기)

2. 승인(시점 전환하기)

3. 행동(목표 행동으로 끌어주기)

4. 격려(등 밀어주기)

앞에서 소개한 감독의 말을 이 단계별로 분류하면 이렇게 된다.

상대방의 의욕을 불러일으키는 펩 토크의 4단계

4. 격려
(등 밀어주기)

1. 수용
(사실 받아들이기)

3. 행동
(목표 행동으로
끌어주기)

2. 승인
(시점 전환하기)

▶ "남자에게는 인생을 걸고 싸워야 할 때가 있다. 상대방이 아무리 강하고 절대적으로 유리하다고 해도 맞서야만 할 때가 있어." → 1. 수용

▶ "마쓰시타전공이 강하고 유리하다는 것은 기자들의 말일 뿐이잖아. 플레이나 팀워크, 어느 것을 따져 봐도 우리 쪽이 훨씬 위야! 그 정도의 힘은 너희들 개개인이 다 갖고 있다. 너희들이라면 할 수 있어, 너희들이라면 할 수 있다고!" → 2. 승인

▶ "하자! 끝까지 노력하고 있는 힘을 다 발휘해서 오늘 이기는 거야!" → 3. 행동

▶ "자, 이기자! 1, 2, 3, GO!" → 4. 격려

1. 수용(사실 받아들이기)

"남자에게는 인생을 걸고 싸워야 할 때가 있다. 상대방이 아무리 강하고 절대적으로 유리하다고 해도 맞서야만 할 때가 있어."

4. 격려(등 밀어주기)

"자, 이기자! 1, 2, 3, GO!"

3. 행동

(목표 행동으로 끌어주기)

"하자! 끝까지 노력하고 있는 힘을 다 발휘해서 오늘 이기는 거야!"

2. 승인(시점 전환하기)

"마쓰시타전공이 강하고 유리하다는 것은 기자들의 말일 뿐이잖아. 플레이나 팀워크, 어느 것을 따져 봐도 우리 쪽이 훨씬 위야! 그 정도의 힘은 너희들 개개인이 다 갖고 있다. 너희들이라면 할 수 있어. 너희들이라면 할 수 있다고!"

가능성을 100% 끌어내는
대화의 패턴

시합 전 선수들에게 하는 실제 펩 토크와 영화 속에서 재현되는 1000여 가지 이상의 펩 토크를 분석했더니 격려하는 방법마다 공통적인 패턴이 있었다. 그것이 바로 '수용, 승인, 행동, 격려'라는 4단계다. 앞으로 자세히 설명하겠지만 이 4단계는 상대방의 마음 상태를 딱 1분이라는 짧은 시간 안에 적극적으로 바꾸는 특별한 구조라 할 수 있다.

'시작하며'에서 소개했던 부하 직원에게 당신이 펩 토크를 한다면 어떨까? 업계에서도 유명한 실력자인 사장 앞에서 하는 신규 사업 프레젠테이션. 인정받으면 발탁되고 인정받지 못하면 지금까지의 노력이 물 거품이 되고 만다. 부하 직원은 회의실 앞에 있는 의 자에 앉아 극도로 긴장해서 손이 떨리고 얼굴이 창백 하다. 함께 기획안을 구상하고 그의 생각을 들으며 조언해주었던 당신은 진심으로 그가 성공하기를 바 란다.

▹ 오늘이 드디어 발표하는 날이네. 긴장했어? 그야 그렇겠지. 나도 사장님 앞에서 발표할 때는 늘 온몸이 긴장돼서 잘 알아. **(수용)**

▹ 하지만 그건 이 신규 사업을 반드시 성공시키기 위해 오랫동안 고민하고 노력해서 준비했기 때 문에 그런 거야. **(승인)**

▹ 그러니까 상상해봐. 리더가 되어서 신규 사업을 진행하는 모습과 또 사장님과 동료, 고객 모두가 만족하는 모습을 말이야. 가슴이 엄청 두근거리 지 않아? 그 설레는 느낌과 생각을 사장님에게 전하면 돼. **(행동)**

▹ 끝나면 내가 한 턱 쏠게! 자, 다녀와! **(격려)**

어떤가? 그는 분명 긴장했지만 존경하는 선배인 당신이 '생각이 많아서 긴장하는 거야. 그 긴장을 설레는 느낌으로 바꿔서 발표해'라고 한 덕분에 자신의 가능성을 느끼지 않았을까?

진심을 어떻게 전달하는지가 중요하다

마찬가지로 애인과 싸워서 헤어진 친구의 경우는 어떨까? 그녀는 다시 누군가를 만날 수 없을 것처럼 우울해하고 있지만, 당신은 그녀가 또 좋은 상대를 찾을 수 있다고 생각을 전환하여 실연에서 빨리 회복하기 바란다. 이 경우에도 펩 토크의 4단계로 격려할 수 있다.

> 애인과 헤어져서 마음이 너무 괴롭겠구나. 그래. 나도 네가 슬픈 얼굴을 하고 있는 모습을 보니까 괴롭다. (수용)

> 그만큼 그를 좋아했다는 뜻이네. 상대방을 정말로 소중히 할 줄 아는 네가 정말 멋지다고 생각

해. (승인)

▶ 슬픔을 있는 그대로 느끼는 것도 한 가지 방법이야. 하지만 기분을 바꿔보고 싶다면 잠깐 얼굴을 들고 주위를 살펴봐. 멋진 남자들이 잔뜩 있잖아. 새로운 사랑을 시작하기 위해 직접 행동할 수도 있어. (행동)

▶ 힘내! 넌 지금도 충분히 멋진 사람이야. (격려)

친구는 이런 격려를 듣고 자신의 슬픈 감정을 인정받았다는 생각에 어쩌면 생각을 긍정적으로 전환해보는 용기를 낼지도 모른다.

지금까지 소개한 펩 토크는 전부 '수용, 승인, 행동, 격려'의 4단계를 따랐다. 당신도 이 4단계를 터득하면 1분 만에 상대방의 마음에 힘을 주는 펩 토크를 할 수 있다. 그럼 이제부터 펩 토크의 4단계를 하나씩 살펴보자.

수용

· · · · · · · · · · · · · · · · · · ·

"긴장되지? 누구나 그럴 수 있어."

4. 격려
(등 밀어주기)

1. 수용
(사실 받아들이기)

3. 행동
(목표 행동으로
끌어주기)

2. 승인
(시점 전환하기)

상대방의 불안을 받아주는
대화 기술

1단계는 수용(사실 받아들이기)이다. 수용의 목적은 상대방의 감정이나 상황을 있는 그대로 받아들이고 공감해서 그의 마음을 여는 것이다. 2단계 승인을 위한 준비 단계이기도 하다. 수용에는 두 종류가 있으며 상대방의 감정이나 상황을 추측하여 이뤄진다.

1. 감정 수용: 상대방의 감정을 받아들인다.
2. 상황 수용: 상대방의 상황을 받아들인다.

쉽게 말하면 감정이란 지금 상대방이 느끼는 마음

을, 상황이란 지금 상대방이 처한 입장을 가리킨다. 펩 토크의 1단계에서는 이 두 가지를 파악해서 상대방에게 말을 건넨다.

감정 수용 "지금 네 감정이 이렇구나."

앞에서 설명한 예를 다시 한 번 살펴보자.

- ▶ 오늘이 드디어 발표하는 날이네. 긴장했어? 그야 그렇겠지. 나도 사장님 앞에서 발표할 때는 늘 온몸이 긴장돼서 잘 알아. (수용)
- ▶ 애인과 헤어져서 마음이 너무 괴롭겠구나. 그래. 나도 네가 슬픈 얼굴을 하고 있는 모습을 보니까 괴로워. (수용)

이처럼 둘 다 상대방의 감정을 받아들이고 있다. 중요한 일을 앞두거나 고민이 있을 때 사람은 누구나 긴장하거나 불안해하거나 걱정한다. 만약에 상대방이 중요한 일을 앞두고 긴장, 불안, 걱정 등으로 원래 갖고 있는 힘을 발휘하기 어려운 마음 상태가 되었다면 당신은 가장 먼저 뭐라고 말해주겠는가?

이런 상황에서 무의식중에 상대방을 어떻게든 돕고 싶다, 상대방을 바꾸고 싶다는 마음에 조급하게 결론을 찾으면 자칫 그의 마음을 부정하기 쉽다. 이를테면 상대방에게 이런 식으로 말하게 된다.

"뭘 긴장하고 그래?"
"불안해도 어쩔 수 없어."
"걱정 그만하고 힘 좀 내!"

지금 나의 마음 상태를 갑자기 부정당한다면 당신은 어떻겠는가? 안 그래도 걱정과 불안으로 가득한데 쓸데없이 더 불안해져서 마음의 문을 닫고 말 것이다. 게다가 이런 경우 '어차피 이 사람은 내 기분을 이해하지 못해'라고 생각하기 쉽다. 그러므로 일단은 상대방의 마음 상태를 수용해주는 것이 중요하다.

"긴장했구나."

"불안하구나."

"많이 걱정되지?"

이런 식으로 먼저 상대방의 감정을 받아들이는 것이다. 한 발 더 나아가서 공감도 덧붙여본다.

"긴장했구나. 이해해."

"불안하구나. 나도 그런 적이 있어."

"많이 걱정되지? 누구든지 그렇게 되는 건 당연해."

이렇듯 "이해해(공감)", "나도 그런 적이 있어(체험)", "누구든지 그렇게 되는 건 당연해(인정)" 등 상대방의 감정에 다가가는 말을 건네면 상대방은 당신이 자신에게 공감해준다고 느낀다. 이로써 당신에 대한 신뢰감이 늘어나서 마음의 문을 열고 당신이 하는 말에 계속 귀를 기울이게 될 것이다.

일단 마음에 가득 찬 감정을
퍼내야 한다

중대한 일을 앞두면 누구나 불안, 걱정, 긴장, 혹은 공포 같은 감정을 느낀다. 무언가를 고민하는 상황에서도 마찬가지다. 수용은 상대방의 그런 감정을 추측하는 역할을 담당한다.

우리는 종종 기분이 울렁거린다 또는 감정이 요동친다 같은 표현을 한다. 이는 예컨대 마음이라는 그릇에 감정이라는 액체가 들어 있는 것과 같아서, 이 액체가 불안, 걱정, 긴장, 공포 등으로 넘칠 듯한 상태를 뜻한다. 따라서 상대방의 마음을 진정시키려면 우선 그릇에 가득 찬 감정을 퍼내야 한다.

상대방의 감정(액체)을 퍼내면 마음(그릇)에 빈 공간이 생긴다. 빈 공간이 생겨야 비로소 상대방의 마음에 당신의 말을 받아들일 여유가 생긴다. 그럼 감정을 퍼내려면 어떻게 해야 할까? 상대방의 입장과 관점에서 감정을 이해하는 수밖에 없다. 평소에 상대방과 관계를 쌓아왔다면 현재의 감정을 대략적이나마 이해할 수 있지 않을까? 아래와 같이 추측해볼 수도 있을 것이다.

'시합 전에 선수들은 어떤 기분일까?'
'중요한 일을 앞두고 팀원은 어떤 마음일까?'
'시험이나 발표회 전에 아이는 어떤 기분이 들까?'

상대방의 감정을 수용하려면 이렇게 그 입장에서 생각해보는 연습이 필요하다. 상대방의 입장에 서는 것을 '포지션 체인지position change'라고 하는데, 말 그대로 상대방의 자리에 앉아보는 것이다. 구체적으로는 라커 룸 벤치에 앉아 결승전을 앞둔 선수들의 기분을 상상하거나, 팀원의 일을 자신이 했다면 어땠을지 상상할 수 있다. 또는 시험이나 발표회 직전의 기분을 상상해보는 건 어떨까? 실제로 상대방이 서게 될 장소로 이동해서 표정, 자세, 동작을 과장하여 따라 해보면 그 마음을 좀 더 깊이 알 수 있다. 이는 코칭에서 인간관계 문제를 다룰 때 해결책으로서 자주 쓰는 방법인데 수용 단계에서도 유용하다.

사람은 누구나 자신의 마음과 입장을 이해받고 싶은 욕구를 갖고 있다. 그러므로 1단계에서는 당신의 평가나 판단은 제쳐두고 가장 먼저 상대방의 감정을 있는 그대로 받아들여야 한다.

상황 수용 "네가 처한 상황은 충분히 이해해."

그다음에는 상대방이 처한 상황을 받아들여야 한다. 상황이란 상대방의 상태, 또는 그에게 일어난 사건을 말한다. 수용 단계에서는 그것들을 좋다, 나쁘다로 평가하거나 판단하기보다 사실을 있는 그대로 받아들인다. 앞서 등장했던 펩 토크에서 수용 부분을 살펴보자.

▸ 남자에게는 인생을 걸고 싸워야 할 때가 있다. 상대방이 아무리 강하고 절대적으로 유리하다고 해도 맞서야만 할 때가 있어. **(수용)**

▸ 위대한 순간은 위대한 기회에서 만들어진다. 오늘 밤이 바로 기회의 날이다. 너희 손으로 움켜쥔 기회야. **(수용)**

두 펩 토크 모두 상대방이 처한 입장, 상황을 먼저 인식한다는 점에서 닮아 있다. 즉 '상대방이 강하다고들 하지만 지금이야말로 우리가 인생을 걸고 싸울 때다', '소련전이라는 위대한 기회를 붙잡았기 때문에 오늘 밤 우리가 이 자리에 있다'라는 입장, 상황을 전달했다. 이처럼 상대방이 처한 상황을 수용하는 예를 더 생각해보자.

"결승전까지 잘 왔다. 상대는 전국대회 강호 학교야." (축구 지역대회 결승에서)

"미나야, 손이 떨리는구나." (피아노 발표회 전에)

"긴장 때문에 어제는 별로 못 잔 것 같군." (중요한

발표를 앞두고)

"현재 회사 매출이 작년 대비 마이너스 10퍼센트가 되었다."(경영자가 사원에게)

수용의 두 번째 핵심은 '못한 부분을 받아들인다'는 점이다. 펩 토크의 다섯 가지 규칙 중에 '긍정적인 말을 사용한다'라는 항목이 있었는데, 이 단계에서 일부러 부정적인 말을 사용하는 경우도 있다. 이는 상대방이 부정적인 감정이나 상황에 빠져 안도감이 필요할 때 부정적인 면에 공감하여 서로의 마음을 '매칭matching'한 후에 상대방의 생각을 긍정적인 방향으로 '리딩leading'해야 하기 때문이다(123쪽 그림 참조).

상대방의 감정이나 상황을 받아들이지 않고 무조건 긍정적인 쪽으로 끌고 가려고 하면 심리적으로 저항하거나 신뢰 관계를 쌓지 못하게 된다. 혹은 원만하게 지내지 못한 채 억지로 긍정적인 상태를 유지하게 된다.

결국 이런 마음 상태는 리소스풀하다고 볼 수 없다. 상대방이 당신의 말을 듣고 진심으로 '좋았어, 해보자!'라고 결심하려면 수용 단계를 잘 넘기는 것이 중요하다.

부정적인 감정을 수용할 때 벌어지는 일들

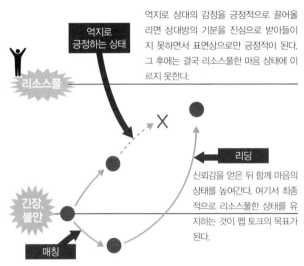

억지로 상대의 감정을 긍정적으로 끌어올리면 상대방의 기분을 진심으로 받아들이지 못하면서 표면상으로만 긍정적이 된다. 그 후에는 결국 리소스풀한 마음 상태에 이르지 못한다.

리딩

신뢰감을 얻은 뒤 함께 마음의 상태를 높여간다. 여기서 최종적으로 리소스풀한 상태를 유지하는 것이 펩 토크의 목표가 된다.

상대방의 긴장이나 불안에 공감하면 상대방은 자신의 현재 마음 상태를 이해받았다고 느낀다. 또 자신이 인정받았다고 느껴서 신뢰감이 증가한다.

승인

· · · · · · · · · · · · · · · · · · · ·

"이번 위기가 너에게 기회가 될 수 있어."

4. 격려
(등 밀어주기)

1. 수용
(사실 받아들이기)

3. 행동
(목표 행동으로
끌어주기)

2. 승인
(시점 전환하기)

무조건 긍정하는 말은
역효과를 부른다

2단계는 승인(시점 전환하기)이다. 1단계 수용에서는 상대방의 감정과 상황을 받아들여 공감을 통해 나와 매칭한 후, 긍정적으로 다시 파악했다. 생각이 긍정적으로 변환되면 상대방의 마음 상태는 단번에 적극적으로 바뀌고 상황도 긍정적으로 리딩, 즉 이끌 수 있다. 승인 단계의 목표는 1단계에서 '안 된 일', '실패한 부분', '불리한 상황', '부정적인 점'을 받아들여준 뒤, '그래도 이 부분은 잘되어 있다', '이것은 좋은 점이야', '긍정적인 부분도 있어' 하고 관점을 바꿔주는 것이다. 미식축구 학생 팀 감독의 펩 토크 중 승인에 해당하는 말은 다음과 같다.

> ▸ 마쓰시타전공이 강하고 유리하다는 것은 기자들
> 의 말일 뿐이잖아. 플레이나 팀워크, 어느 것을
> 따져 봐도 우리 쪽이 훨씬 위야! 그 정도의 힘은
> 너희들 개개인이 다 갖고 있다. 너희들이라면 할
> 수 있어, 너희들이라면 할 수 있다고! (승인)

학생 팀 선수들은 경험과 체력이 훨씬 뛰어난 사회
인 팀과의 시합을 앞두고 상대가 더 유리하다는 평가
에 기가 꺾였을지도 모른다. 이를 헤아린 감독은 "마
쓰시타전공이 강하고 유리하다는 것은 기자들의 말일
뿐이잖아"라고 말했다. 즉 사전 평판이 높은 것은 결
코 사실이 아니라고 단언한 것이다.

그리고 "플레이나 팀워크, 어느 것을 따져 봐도 우
리 쪽이 훨씬 위야! 그 정도의 힘은 너희들 개개인이
다 갖고 있다"라며 선수들이 이미 갖고 있는 능력을
승인해주었다. 이 시점에서 선수들의 감정은 적극적
인 상태로 들어갔다.

또한 감독이 선수들의 가능성을 간절히 믿고 있기에 "너희들이라면 할 수 있어, 너희들이라면 할 수 있다고!"라며 진심에서 우러난 긍정적인 말로 그들의 마음에 불을 붙였다.

이렇듯 승인은 위축됐던 마음 상태를 단숨에 뒤집어줄 만한 힘을 가진 단계다. 높이 점프하는 과정을 예로 든다면 수용은 일단 쭈그리고 앉아서 힘을 모으는 단계이며, 승인은 움직이는 방향이 아래에서 위로 순식간에 바뀌는 순간이다. 어떤 문제나 상황을 파악하는 방법이 달라지면 단번에 힘을 발휘하는 방법 역시 바뀐다.

이 중요한 2단계 승인에도 두 가지 방법이 있다.

1. 발상을 전환하여 승인하기(동전의 앞뒤)
2. 현재 갖고 있는 것을 승인하기(퍼즐 조각)

쉽게 말해 파악하는 방식을 전환하려면 똑같은 사건이라도 긍정적으로 바꿔 생각해야 하며, 지금의 현실을 다른 시점으로 바라봐야 한다.

두 가지 승인 방법은 조금 다르지만 공통적으로 상대방의 마음을 단숨에 긍정적으로 바꾸는 것이 목적이다. 그럼 이 두 가지를 하나씩 살펴보도록 하자.

동전의 앞뒤처럼 생각을 뒤집어주어라

먼저 아래 두 가지 펩 토크를 살펴보자.

▶ 오늘이 드디어 발표하는 날이네. 긴장했어? 그야 그렇겠지. 나도 사장님 앞에서 발표할 때는 늘 온몸이 긴장돼서 잘 알아. **(수용)**

▶ 하지만 그건 이 신규 사업을 반드시 성공시키기 위해 오랫동안 고민하고 노력해서 준비했기 때문에 그런 거야. **(승인)**

▶ 애인과 헤어져서 마음이 너무 괴롭겠구나. 그래. 나도 네가 슬픈 얼굴을 하고 있는 모습을 보니까 괴로워. **(수용)**

▶ 그만큼 그를 좋아했다는 뜻이네. 상대방을 정말

로 소중히 할 줄 아는 네가 정말 멋지다고 생각해. (승인)

부하 직원을 위한 승인 단계에서는 '발표 전에 긴장하는 것은 반드시 성공시키고 싶다는 마음으로 고민하며 준비해왔다는 증거'라고 말하며 현재의 감정을 전환해준다. 또한 친구를 위한 승인 단계에서는 '애인과 헤어져서 그토록 슬퍼하는 것은 네가 정말로 상대방을 소중히 할 줄 아는 멋진 사람이라는 증거'라고 하며 용기를 준다.

동전에는 반드시 앞면과 뒷면이 있다. 동전 하나라도 앞면, 뒷면 가운데 무엇을 보느냐에 따라 관점이 달라질 수 있다. 마찬가지로 현재 감정이 부정적인 상태이거나 상황이 잘 풀리지 않을지라도 '뒤집어 생각하면 사실은 이렇다'라고 발상을 전환할 수 있다. 동전을 뒤집는 것과 같은 발상의 전환에는 두 가지 방법이 있다.

① 부정적인 감정으로 인해 마음이 위축된 경우에는 현재의

감정을 목표로 향해 가는 '증거'로 뒤집어 생각한다.

② 뜻대로 상황이 풀리지 않는 경우에는 현재 상황을 목표로 가기 위한 '기회'로 뒤집어 생각한다.

①의 부정적인 감정으로 인해 마음 상태가 위축된 경우부터 살펴보자. 상대방의 감정이 이런 상태라면 그 감정을 아래와 같이 뒤집어줄 수 있다.

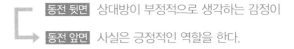

동전 뒷면 상대방이 부정적으로 생각하는 감정이
동전 앞면 사실은 긍정적인 역할을 한다.

동전을 뒤집는 발상의 전환 방법에서 중요한 핵심어는 '그렇기 때문에'다.

긴장감을 예로 들어보자. 일반적으로 긴장감은 부정적인 반응으로 생각하기 쉽지만 실제로 능력을 발휘하려면 적당히 긴장하는 편이 좋다고 한다. 또한 중요하지 않은 상황이었다면 애초에 긴장하지 않을 것이다. 우리가 긴장하는 진짜 이유는 진심으로 그 일에 임하고 있기 때문이다. 따라서 이렇게 말해볼 수 있다.

동전을 뒤집는 방법 1

> `동전 뒷면` '긴장한다.' (지금의 감정)
>
> **진심**으로 임하고 있다. 그렇기 때문에 **긴장한다.**
>
> ➡ `동전 앞면` '진심의 증거이다.' (진짜 이유)

🅔 중요한 발표 전

"긴장 때문에 어제 잠을 설쳤구나." (수용)

"그건 네가 진심으로 발표를 잘해내고 싶어 한다는 증거야." (승인)

동전을 뒤집는 방법 2

> `동전 뒷면` '걱정이 된다.' (지금의 감정)
>
> 부모로서 **아이가 소중하다.** 그렇기 때문에 **걱정이 된다.**
>
> ➡ `동전 앞면` '아이를 소중하게 여긴다는 증거이다.' (진짜 이유)

예 지인의 아들이 다쳤다.

"다친 아들 때문에 걱정이 크지?" (수용)

"그건 네가 아들을 정말로 소중히 여긴다는 증거야." (승인)

그다음으로 ② 뜻대로 상황이 풀리지 않은 경우다.

> 동전 뒷면 상대방이 부정적으로 생각한 상황이
> 동전 앞면 사실은 긍정적인 역할을 한다.

이 경우에도 발상 전환을 위해 필요한 핵심어는 '따라서'이다.

예를 들어 직장에서 팀이 하나로 뭉쳐 협력해야 하는 상황인데 팀 안에서 의견이 대립하여 이야기가 진행되지 않는다고 하자. 프로젝트 리더는 머리를 싸매고 '또 문제가 일어났다'라며 한탄한다. 이때 문제가 일어났다는 동전을 뒤집기 위해서 '그러나'라는 핵심어를 사용해볼 수 있다.

동전을 뒤집는 방법 3

> `동전 뒷면` '문제가 일어났다.'
>
> **문제가 일어났다.** 그러나 이를 잘 처리하면
> **성장의 기회**가 될 수 있다.
>
> → `동전 앞면` '성장의 기회가 된다.'

⑩ 팀 안에서 의견 대립이 생겼다.

"팀원들이 모두 열정적인 탓에 서로의 의견이 대립해서
프로젝트가 멈춘 건 문제가 있다고 생각해." (수용)

"이 상황을 극복한 후에는 좀 더 단단하게 뭉친 팀이 될
것이라고 확신해. 그러니 오히려 성장의 기회로 받아들
일 수 있지 않을까?" (승인)

어느 회사의 실적이 작년과 비교해서 뚝 떨어졌다
고 하자. 사장은 어떻게든 대책을 세우고 싶은데 직
원들은 바쁜 업무에 쫓겨서 좀처럼 뭔가를 시도해볼
여유가 없다. 사장은 시간이 없다고 생각하며 초조해
한다. 그때 시간이 없다는 동전을 뒤집기 위해서 '그
러나'라는 핵심어를 사용해볼 수 있다.

동전을 뒤집는 방법 4

> 동전 뒷면 '시간이 없다.'
>
> **시간이 없다.** 그러나 이를 업무 방식을 **단순화할 기회**로 삼아야 한다.
>
> ➤ 동전 앞면 '단순화의 기회로 삼는다.'

ⓔ 작년에 비해 실적이 뚝 떨어졌다.

"현재 회사 매출이 작년 대비 10퍼센트가 떨어졌다. 회사의 실적을 단기간에 회복시켜야 한다." (수용)

"이 상황은 지금까지의 업무 방식을 재검토하고 단순화할 기회다." (승인)

지금 갖고 있는 퍼즐 조각에 주목하라

.
.
.

자신감이 떨어지거나 상황이 잘 풀리지 않으면 우리는 무의식중에 존재하지 않는 것, 즉 이미 지나갔거나 일어나지 않은 일에 집착하기 쉽다. 이를테면 '좀 더 연습할걸', '그 사람은 키가 큰데 나는 키가 작아서 그래' 같은 생각에 빠지는 것이다. 실전을 앞두고 없는 것에 집착해봤자 그것이 갑자기 생기거나 할 수 있게 되는 것도 아니고, 오히려 마음 상태만 한층 더 위축되고 만다.

이럴 때는 없는 것은 없다고 받아들이면서 그 점에 집착하지 말고 이미 갖고 있는 것에 주목해야 한다. 예를 들어 당신이 전국 콩쿠르에 지역 대표로 참가한 고등학교 관현악부의 고문이라고 해보자. 매년 상위권에 오르는 강호 학교이기는 하지만 콩쿠르 직전에 주요 부원들의 컨디션이 안 좋아서 전체 연습을 제대로 하지 못했다.

부원들은 연습이 부족한 탓에 불안한 상태로 콩쿠르 장소에 도착했다. 당신은 부원들이 불안감 때문에 위축된 마음 상태를 유지한 채 연주하는 상황을 피하고 싶다. 하지만 현재 부원들은 퍼즐로 예를 들면 연습 부족이라는 빠진 조각에만 주목하며, 그것 말고 다른 조각이 많다는 사실을 잊고 있다.

이때 부원들의 관심을 돌리는 방법이 현재 갖고 있는 것을 승인하는 것이다. 여기서 연습 부족이라는 모자란 조각보다 이미 갖고 있는 조각들로 관심을 돌리기 위한 핵심어는 '하지만'이다. 이 핵심어를 사용해서 갖고 있는 것을 승인해보자.

이미 갖고 있는 조각을 찾는 방법

`모자란 조각` '연습 부족'

연습은 부족하지만 우리에게는 **경험, 팀워크, 밝은 분위기, 응원해주는 사람들이 있다.**

`이미 갖고 있는 조각` '큰 무대 경험', '완벽한 팀워크', '응원해주는 친구, 부모님, 선생님'

📺 강호 학교이기는 하지만 연습이 부족한 상태로 전국 콩쿠르에 참가했다.

"드디어 전국 콩쿠르 날이구나. '연습을 좀 더 했더라면 좋았을 텐데' 하고 걱정하는 마음도 이해해." (수용)

"하지만 우리에게는 큰 무대 경험, 완벽한 팀워크, 또 늘 응원해주는 친구, 부모님, 선생님이 있잖아." (승인)

동전의 앞뒷면처럼 발상을 전환하기

동전을 뒤집듯이 부정적으로 여겨지는 모든 일을 긍정적으로 다시 파악한다.

현재 갖고 있는 퍼즐 조각에 주목하기

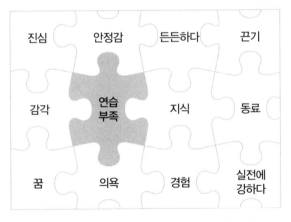

모자란 조각보다 이미 갖고 있는 조각으로 관심을 돌린다.

행동

. . . .

"너답게 마음껏 즐겨도 괜찮아!"

4. 격려
(등 밀어주기)

1. 수용
(사실 받아들이기)

3. 행동
(목표 행동으로
끌어주기)

2. 승인
(시점 전환하기)

나의 말이 상대의 머릿속 무의식을 자극하는 과정

3단계는 행동(목표 행동으로 끌어주기)이다. 2단계 승인에서는 상대로 하여금 감정이나 상황에 대한 생각을 신속하게 전환하여 감정과 상황을 긍정적으로 받아들일 수 있도록 했다. 3단계에서는 드디어 실전 중에 또는 문제 해결을 위해 구체적으로 하기 바라는 행동을 상대에게 전달한다. 여기에는 두 가지 방법이 있다.

1. 부정형을 긍정형으로 변환하기

2. 상대의 행동 변환하기

먼저 알아두어야 할 것은 ① 당신의 말은 상대방의 뇌 속에 이미지를 불러일으키며, ② 상대방은 불러낸 이미지를 무의식적으로 실현하려고 한다는 점이다. 즉, 당신의 말이 상대방의 뇌 속 무의식을 자극하고 그것이 잠재의식에 반영되어서 잠재능력을 발휘하는 것으로 이어진다는 뜻이다. 우선 두 가지 중 부정형을 긍정형으로 변환하기부터 살펴보자.

부정적인 말은 현실이 된다

부정형을 긍정형으로 변환하기란 상대방이 어떤 행동을 하길 바라는지를 말로 전달할 때 부정적인 표현을 긍정적으로 바꾸는 것이다. 우리는 상대방에게 무언가를 지시하거나 부탁할 때 무의식적으로 '원치 않은 일'+'부정형'으로 전달한다. 가장 흔한 예로 '실수하지 마'를 들 수 있다.

이런 장면을 상상해보자. 배구 지역 대회 결승에서 우리 팀은 강호 팀과 싸우며 초반에는 앞섰지만 중반에 따라잡혀 마지막 세트까지 엎치락뒤치락한다. 그러나 팀이 하나로 똘똘 뭉쳐서 앞으로 1점만 얻으면 승리하는 상황에 이른다.

하지만 상대방도 1점 차로 따라왔기에 여기서 확실히 승리를 선점해야만 한다. 이런 상황에서 주장인 당신에게 서브 차례가 돌아왔다. 이 서브를 넣으면 팀의 첫 우승이 확정된다. 그때까지 당신은 숨은 조력자로서 팀원 모두의 사기를 북돋아왔지만 마지막은 자신의 주특기인 서브에이스를 넣어서 승리하고 싶다.

당신은 평소처럼 자신의 서브 궤도를 상상하며 토스를 준비한다. 동시에 서브에이스를 넣고 코트 한가운데서 모두 함께 부둥켜안으며 기뻐하는 장면도 머릿속에 떠오른다. 천천히 공을 토스하려는 순간, 감독이 "실수하지 마!"라고 소리친다.

"실수?"

실수라는 말을 듣자마자 작년 준결승에서 서브를 실수하는 바람에 패배한 장면이 되살아난다. 그때였다.

실수하면 안 된다는 마음에 팔이 움츠러들고 토스가 평소보다 조금 앞쪽으로 빗나간다. 자세가 흐트러진 당신은 공을 제대로 치지 못하고 공은 네트에 걸리고 만다. 마치 작년의 실패를 재현하듯이…….

당신이 머릿속에 떠올린 성공의 이미지가 감독의 '실수하지 마!'라는 한 마디 탓에 실수의 이미지로 현실화되었다. 감독은 실수나 실패를 바라고 이 말을 했을까? 당연히 그렇지 않다. 서브를 세차게 내리꽂아 성공하기 바라는 마음으로 말했을 것이다. 이처럼 우리는 상대방의 성공을 간절히 바라면서도 실패를 떠오르게 하는 말을 무의식중에 사용하고 있다.

뇌는 이미지의 긍정형과 부정형을 구별하지 못한다

'실수하지 마.' = '실수'+'하지 마.'

이 말은 '실수'라는 '원치 않는 일'에 '하지 마'라는 '부정형'을 연결했다. 원치 않는 일을 부정하므로 전달하는 사람으로서는 결국 원하는 바를 표현하는 셈이다. 그러나 전달받는 사람은 머릿속으로 '실수'라는 말을 포착해서 '실수'를 상상한다. 실제로 '실수하지 마'라는 말을 듣고 성공을 상상하기는 어렵다. 이 경우에는 실수하지 말라는 말을 듣고 서브가 들어간 장면을 상상해야 한다. 대부분의 사람들은 성공을 상상할 수 없다. 할 수 있다고 해도 머릿속에서 아래와 같이 문장을 변환할 것이다.

'서브 실수를 하지 않는다.' → '서브를 제대로 넣는다.'

하지만 실전 직전이나 한창 진행 중, 긴장과 불안 등으로 심리적 부담을 느끼는 상황에서 이렇게 변환하기는 쉽지 않다. 이는 뇌 기능의 특징 때문이다.

뇌는 말이라는 자극이 입력되면 과거의 경험에서 그 말에 어울리는 이미지를 검색한다. 구글에 이미지 검색이라는 기능이 있는데, 검색어를 입력하면 관련된 여러 이미지가 표시되는 것이다. 예컨대 '실패'라는 단어를 입력하면 고개를 숙인 사람이나 머리를 싸맨 사람의 사진이나 그림이 나오는 식이다. 우리가 어떤 단어를 들을 때도 이와 같은 과정이 머릿속에서 일어난다.

뇌 속 이미지의 세계에서는 긍정형과 부정형을 구별하기 어렵다고 한다. 즉 '실수해'(실수+긍정형)든 '실수하지 마'(실수+부정형)든 둘 다 검색어는 '실수'이기 때문에 실수하는 이미지가 나오는 것이다. 누군가에게 말을 건다는 것은 그의 머릿속 구글 검색창에 단어를 입력하여 이미지를 찾는 것과 똑같다. 따라서 어떤 말로 검색하느냐가 매우 중요하다.

검색어	이미지 검색 결과
'실수해', '실수하지 마'라는 말	'실수'의 이미지
'애태워', '애태우지 마'라는 말	'애태우다'의 이미지
'포기해', '포기하지 마'라는 말	'포기하다'의 이미지

이렇듯 문장이 긍정형이든 부정형이든 검색되는 이미지는 똑같으므로 처음부터 검색어를 긍정형으로 입력해야 한다. 상황에 따라 다르겠지만 "실수하지 마"라고 말하고 싶을 때, 사실 내가 상대에게 정말로 원하는 것은 '마음껏 즐기는 것'일지도 모른다. "애태우지 마"라고 말하고 싶을 때 정말로 원하는 것은 '침착하는 것'일지도 모른다. 또 "포기하지 마"라고 말하고 싶을 때 정말로 원하는 것은 '끝까지 해내는 것'일 수도 있다.

말 자체를 긍정적으로 바꾸면 "과감하게 나가자"라는 말로 '과감한 행동'의 이미지를 검색하고, "침착하자"로 '침착하게 임하는 모습', '끝까지 해내자'로 '끝까지 완수하는 모습'을 뇌 속에서 떠올리도록 도울 수 있다. 이렇듯 상대방의 뇌 속 구글 검색창에 단어를 입력하는 마음으로 원하는 것을 전달해야 한다.

앞서 월드컵 첫 우승이 걸린 승부차기를 앞두고 대표 팀 감독이 했던 말을 생각해보자.

"마음껏 즐기고 와!"

이 말은 감독이 선수들에게 원하는 것을 확실하고 직접적으로 전달했다. 선수들의 뇌 속에서는 즐기면서 시합하는 이미지가 검색되었고 그 이미지대로 경기한 선수들은 월드컵 첫 우승이라는 쾌거를 이뤄냈다(참고로 우승했을 때의 모습을 상상하는 것은 경험이 없기 때문에 결코 쉽지 않다. 감독의 말이 훌륭하다고 할 수밖에 없는 이유이다).

PEP TALK
19

행동을 지시하는가,
결과를 지시하는가

첫 번째 행동 방법인 부정형을 긍정형으로 변환하기
는 긍정적인 표현으로 상대에게 '원하는 것을 전달'하
는 반면, 두 번째 행동 방법인 상대의 행동 변환하기
는 '원하는 행동을 전달'한다. 다시 한 번 축구 국가
대표 팀의 승부차기를 떠올려보자.

가능성을 확신하게 돕는 말

당신이 축구 국가 대표 팀 선수이며 승부차기 주자
로 지명되었다고 상상해보자. 국민들의 기대를 한 몸

146
힘내라는 말보다 힘이 나는 말이 있다

에 받으며 출전한 월드컵. 상대는 지금껏 0승 21패 3무로 한 번도 이겨본 적 없는 미국이다. 그 상대를 이길 수 있을지도 모르는 기회를 앞두고 감독은 당신에게 승부차기를 맡겼다. 승부차기가 시작되기 직전, 감독이 진지한 표정으로 이렇게 말한다.

"한 골 확실하게 넣고 와!"

자, 이 말을 듣고 당신의 기분은 어떤가?

확실히 긍정적인 표현으로 상대방에게 말했으니 부정형을 긍정형으로 변환하기의 관점에서 보면 좋은 말이다. 게다가 '한 골 확실하게 넣다'라는 말은 뇌의 이미지 검색에서도 골을 넣는 장면을 떠올리므로 적절한 표현처럼 느껴질 것이다. 그러나 이 말을 들었을 때 솔직히 당신은 어떻게 느꼈는가?

물론 '좋아! 반드시 골을 넣고 말겠어!'라고 생각했을지도 모른다. 정반대로 '골을 확실하게 넣고 오라고 해도 솔직히 자신 없어'라고 느꼈을 수도 있다. 분명 '확실하게 넣는다'라는 긍정적인 말을 사용해서 원하는 것을 전달했는데 이처럼 반대되는 감정을 느끼는 이유는 무엇일까?

이 말이 내가 상대에게 바라는 행동이 아니라 결과를 지시하는 것이기 때문이다. 골을 넣는다, 골이 빗나간다는 것은 결과다. 즉 이런 결과를 만들어 달라는 지시를 받았다는 뜻이다. "한 골 확실하게 넣고 와!"라는 말을 들은 경우, 골을 넣을 자신이 있는 사람은 '좋아! 반드시 골을 넣고 말겠어!'라는 마음이 들 것이다. 하지만 골을 넣을 수 있을지 없을지 불안해하는 사람이라면 '골을 확실히 넣고 오라고 해도 솔직히 자신 없어'라고 생각하기 쉽다.

이런 차이는 우리가 결과를 뜻대로 조절하기 힘들기 때문에 생긴다. 자신의 상태뿐만 아니라 상대방의 상태, 날씨나 운 등 승부를 좌우하는 요소(또는 해결책을 찾기 힘든 요소)가 많기 때문이다. 자신의 일이라면 그나마 조절하기 쉽지만 상대방이나 날씨, 운은 조절할 수 없다. 그럼 어떻게 해야 할까?

그 해답은 스스로 조절할 수 있는 행동을 지시하는 것이다. 승부차기 상황에서 (골을 넣기 위해서) "마음껏 즐기고 와!"라고 하거나 또는 (골을 넣기 위해서) "너 자신을 믿고 힘껏 차고 와!"라고 하면 어떨까? 이 말이 자신이 갖고 있는 힘을 다 발휘할 수 있도록 도와줄지도 모른다.

상대의 마음에 기운을 북돋아주는 말

여기서 말하고 싶은 것은 단순히 긍정적인 표현을 사용하면 좋다는 것뿐만이 아니다. 그것이 행동의 지시인지, 결과의 지시인지도 생각해야 한다는 뜻이다. 결과의 지시란 예컨대 이런 말이다.

"시합에서 반드시 이기고 와!"

"시험에 합격하고 와!"

"고객에게서 계약을 따 와!"

이렇게 결과를 지시할 경우, 상대방은 부담감을 느껴서 의도와는 달리 불안, 걱정, 긴장으로 마음 상태가 위축될 수 있다.

갖고 있는 힘을 발휘하지 못하는 안타까운 결과는 말하는 쪽이나 듣는 쪽이나 원치 않을 것이다. 어쨌든 상대방이 자신답게 편안하고 적극적인 마음 상태로 능력을 발휘하기 바라지 않는가? 이를 위해 필요한 것이 바로 행동의 지시다.

행동의 지시란 원하는 결과를 끌어내기 위해서 필요한 행동을 상대방에게 쉽고, 자신감을 주는 말로 전하는 것이다. 예컨대 이런 말이다.

(시합에서 이기기 위하여)

"최선을 다하자."

"각자의 힘을 다 발휘하자."

"동료를 믿고 패스를 돌리자."

(시험에 합격하기 위하여)

"침착하게 마지막까지 문제를 읽자."

"할 수 있을 만한 문제부터 풀자."

(고객에게서 계약을 따내기 위하여)

"고객에게 고민이 있을 때는 가까이 다가가서 이야기를 듣자."

이처럼 결과를 내는 데 효과가 있는 행동을 구체적으로 지시해주는 것이 중요하다.

성공을 뚜렷하게 그려주는 말

결과보다 행동의 지시를 말로 전하는 것이 상대의 행동을 변환할 수 있는 방법이라고 했는데, 결과와 행동의 지시를 함께 사용했을 때 효과를 발휘하는 경우도 있다. 시합에서 이기거나 연주회에서 입상하거나 거래처와의 계약을 따내는 등 명확한 결과를 바라는 상황에서는 결과를 상상하게 하는 방법이 상대방의 의욕에 불을 붙이는 요인이 되기 때문이다.

이 책에서 여러 번 등장했던 미식축구 학생 팀 감독의 펩 토크 중 3단계에 해당하는 행동 부분을 살펴보면 쉽게 알 수 있다.

▶ "하자! 끝까지 노력하고 있는 힘을 다 발휘해서
  오늘 이기는 거야!" (행동)

"끝까지 노력하자." (행동의 지시)
"있는 힘을 다 발휘하자." (행동의 지시)
"오늘 이기자." (결과의 지시)

이 경우 두 가지 행동을 확실히 전달한 뒤에 마지막으로 이긴다는 결과를 보여주고 있다. 이 말을 들었을 때 선수들의 머릿속에는 '끝까지 노력하는 장면', '있는 힘을 다 발휘하는 장면', '이겨서 기뻐하는 장면'의 이미지가 떠오를 것이다.

이렇듯 이긴다는 결과와 이를 얻기 위한 행동을 확실하게 제시하는 경우에는 선수가 쓸데없는 부담감을 느끼지 않는다.

4단계

격려

· · · · · · · · · · · · · · · · · · · ·

"내가 여기서 널 응원할게!"

4. 격려
(등 밀어주기)

1. 수용
(사실 받아들이기)

3. 행동
(목표 행동으로
끌어주기)

2. 승인
(시점 전환하기)

때로는 격려보다
안도감을 주는 것이 더 필요하다

마지막 4단계는 격려(등 밀어주기)다. 1단계 수용에서는 상대방의 감정이나 상황을 받아들여서 공감했다. 2단계 승인에서는 상대방으로 하여금 자신감을 갖게 하고 상황을 긍정적으로 파악할 수 있도록 이끌었다. 3단계 행동에서는 상대방이 실전에서 성취해내길 바라는 행동을 표현하여 전달했다.

여기까지 잘해냈다면 상대방의 마음은 자신감 넘치는 상태가 되었을 것이고 해야 할 행동도 명확하게 이해해서 의욕이 높아졌을 것이다.

마지막 단계에서는 다시 한 번 상대방의 힘을 북돋

아서 마음에 불을 붙이는 말, 힘껏 등을 밀어서 배웅해주는 말을 던져야 한다. 그것이 바로 4단계의 목표다. 이 단계에도 두 가지 유형이 있다.

1. 격려해주는 말
2. 보호해주는 말

위의 두 가지 유형이 있는 이유는 무엇일까? 격려해주는 말만으로는 충분하지 않을 걸까? 모든 사람이 격려해주는 말을 듣는다고 해서 반드시 감동하거나 의욕을 내는 것은 아니기 때문이다. 격려의 말만큼 상대방에게 영향을 주고 논리적인 것이 바로 보호해주는 말이다. 이는 상대방에게 안도감을 주는 표현 방식이며 체계적인 대화법이기도 하다.

출발선에서 기합을 불어넣어 주는 격려의 말

중요한 발표를 앞둔 부하 직원의 사례가 기억나는가? 그를 위한 펩 토크의 가장 마지막 단계에서 "끝

나면 내가 한 턱 쏠게! 자, 다녀와!"라며 배웅했다. 이
처럼 격려의 말은 말 그대로 출발 지점에서 상대방의
등을 힘껏 밀어주는 역할을 한다.

"자, 이기자! 1, 2, 3, GO!"
"이제는 너희의 시대다. 반드시 승리를 뺏어 와!"

앞서 등장했던 펩 토크들과 마찬가지로 격려의 말
에는 상당히 기합이 들어가 있다. 만약 상대방이 망
설임을 떨쳐내고 온 힘을 다해서 부딪치길 바라며 상
대방 역시 이를 바라는 상황이라면 주저하지 말고 그
의 등을 밀어주는 말로 기운을 불어넣어주자. 그 밖
에도 다음과 같은 말이 격려에 해당한다.

"자, 다녀와!"
"마음껏 즐기고 와!"
"괜찮아, 너라면 할 수 있어!"
"웃는 얼굴로 해보자!"
"함께 힘내자!"

"Yes, we can!"

안도감을 주는 보호의 말

한편 이별로 상심한 친구에게는 어떤 말을 건넸던 가? "힘내! 넌 지금도 충분히 멋진 사람이야"라며 응 원해주었다. 이처럼 보호해주는 말은 당신이 상대방 에게 살짝 다가가서 안도감을 주는 말이다.

"무슨 일이 있으면 도와주러 갈게!"
"모두 함께 응원할게!"
"결승점에서 기다릴게!"

보호해주는 말은 상대방이 당신이나 동료가 곁에 있다는 걸 느끼고 용기를 내도록 돕는 표현 방식이다. 4단계에서는 격려와 보호의 말 외에도 공통 언어(캐 치프레이즈나 구호 등)나 공통 동작(하이파이브나 주먹 포즈 등)으로 상대방에게 안도감과 의욕을 줄 수 있다.

만약 상대방이 망설임을 떨쳐내고 온 힘을 다해서 부딪치길 바라며

상대방 역시 이를 바라는 상황이라면 주저하지 말고

등을 밀어주는 말로 기운을 불어넣어주자.

끝났다고 생각한 순간
한 발 내딛게 하는 한 마디가 있다

지금까지 펩 토크의 4단계를 하나씩 설명했다. 4단계의 모든 과정을 하나씩 따라가면 소중한 사람이 긴장과 불안으로 떠는 순간 마음에 불을 붙이고 의욕을 되찾는 한 마디 말을 건넬 수 있다.

펩 토크가 반드시 인생의 중대사에만 적용되는 것은 아니다. 평소 일상생활에서도 당신은 얼마든지 상대에게 가능성을 일깨워주는 말을 할 수 있다. 또한 각 단계의 대화 기술을 갈고닦는 동안 당신에게도 변화가 일어난다.

당신은 상대에게 어떤 사람이 되고 싶은가

이해해주는 사람

1단계 수용의 말을 연습하면 평소에 상대방의 감정이나 상황을 받아들여서 공감하는 말을 건넬 수 있다. 상대방을 보다 적극적으로 이해해주는 사람이 되는 것이다.

깨닫게 하는 사람

2단계 승인의 말을 연습하는 동안 생각을 원활하게 전환하는 방식을 터득할 수 있다. 또한 매사 부정적인 면에서 긍정적인 면으로 초점을 맞출 수 있다.

미래로 이끄는 사람

3단계 행동의 말을 연습하면 어떤 말을 사용해야 상대방의 뇌에서 긍정적인 이미지를 이끌어낼 수 있는지 알 수 있다. 이를 계속하면 장기적으로는 상대방이 목표하는 미래를 실현하도록 도울 수 있다.

용기를 주는 사람

4단계 격려를 연습하면 상대방에게 말 한 마디로 용기를 줄 수 있다. 도저히 해낼 수 없을 것 같다고 생각했던 순간에 한 걸음씩 앞으로 나아가도록 힘을 실어주는 것이다.

실제로 이런 변화가 일어난다면 어떨까? 상대방과 당신 사이에 신뢰 관계가 차곡차곡 쌓일 것이다. 사실 펩 토크는 무슨 말을 하느냐도 중요하지만 누가 말하느냐도 무척 중요하다. 당신이 상대방에게 믿음을 주는 존재일수록 당신이 하는 격려의 말이 상대방의 마음에 감동을 준다.

일상생활에서 펩 토크의 4단계를 기억하며 말을 건네는 연습을 계속하길 바란다. 모든 이들에게 영향력을 발휘할 수 있는 사람이 되면 당신의 인생뿐 아니라 세상까지 크게 달라질 것이다.

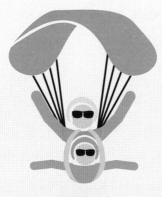

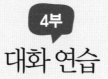

4부

대화 연습

사람들이
용기를 얻는 말은
저마다 다르다

: 상대의 마음 상태에 맞춰 말을 거는 연습

응원하려는 상대에게 어떤 격려의 말을 할 것인지
신뢰 관계를 바탕으로 고민하고 선택해야 한다.
실제로 사람의 마음은 논리적인 이야기만으로 움직이지 않기 때문이다.
또한 그것은 똑같은 격려의 말에도 상대방에 따라
반응이 다르다는 뜻이기도 하다.

같은 말도 누가 어떻게
하느냐에 따라 다르다

지금까지 펩 토크를 어떤 말로 어떻게 구축할 수 있을지 예시와 함께 설명했다. 이 장에서는 다양한 상황에서 어떻게 펩 토크를 사용할 수 있는지 이야기하겠다. 우선 당신이 누군가를 격려하려고 할 때 알아두어야 할 점이 있다.

"무슨 말을 하느냐도 중요하지만 누가 말하느냐가 더 더욱 중요하다."

당신의 말은 얼마나 신뢰를 주는가

⋮

169쪽의 그림을 살펴보자. 그림의 가로축은 무슨 말을 하는가(상대방의 의욕을 불러일으키는 말인가, 긍정적인가 부정적인가), 세로축은 누가 말하는가(상대방과의 사이에 신뢰 관계가 있는가 없는가)를 나타낸다.

당신이 응원하고 싶은 사람과 당신 사이에 신뢰가 있는가? 당신은 상대방의 의욕을 불러일으키는 말을 사용하고 있는가? 이 두 질문에 어떻게 대답하느냐에 따라 그림 위에서 당신이 네 가지 유형 가운데 어느 쪽에 속할지 알아볼 수 있다.

① 펩 토커(오른쪽 위)

상대방과의 신뢰 관계가 튼튼하게 형성되어 있으며 그의 의욕을 불러일으키는 말을 할 수 있다면 당신은 완벽한 '펩 토커pep talker'다. 상대방의 가능성을 그 자신보다 더 믿고 마음에 불을 붙여서 의욕을 불러일으킬 수 있는 사람이다.

이 외에 세 가지 유형은 펩 토크 식으로 말한다면

아직 '발전 가능성이 있는 사람들'이다. 물론 대부분의 경우는 자신에게 그런 가능성이 있다는 생각을 하지 못하는 것이 유감스러울 뿐이다.

② 겉치레만 중시하는 사람(오른쪽 아래)

상대방과 신뢰 관계를 쌓지 않았는데 말만 그럴듯하다면 '겉치레만 중시하는 사람'이다. 이 경우 상대방을 응원하고 싶다는 마음은 있지만 제대로 전하지 못하는 데다 오히려 상대방에게 불편함을 줄 수 있다. 이를테면 상대에게 "요즘 열심히 하네", "일 처리가 빠르네!"와 같이 긍정적인 말을 하는데도 '정말로 그렇게 생각해서 말하나?', '어차피 허울뿐인 말이겠지', '빈정대는 거 아냐?'라고 의심을 받기 쉽다.

어째서일까? 말과 행동이 달라서 속마음을 알 수 없는 탓에 상대방에게 믿음을 주지 못하기 때문이다. 리더로서 동료들에게 내 마음을 제대로 전하지 못했던 나도 이 유형이었다. 이 상태에서 펩 토커로 선환하려면 상대와 건강한 신뢰 관계를 쌓아야 한다.

③ 말버릇이 나쁜 사람(왼쪽 위)

상대방과 신뢰 관계는 있지만 부정적인 말을 사용
한다면 '말버릇이 나쁜 사람'이다. 상대방에게 믿음과
인간적인 매력, 능력을 보여주어 따라가고 싶은 유형
이지만 한 가지 문제가 있다.

"아직 멀었어", "완전 별로네", "그런 것도 못해?",
"똑같은 말을 몇 번씩 하게 하지 마!", "네가 그래서
안 되는 거야", "못 하겠으면 관둬", "네가 아니라도
대신할 사람은 얼마든지 있어" 등 부지불식간에 상대
방에게 상처를 주는 말을 사용하는 것이다.

상대방은 이런 유형의 말에 상처를 받으면서도 신
뢰가 있기 때문에 이를 사랑의 매라고 생각하고 이를
악물고 따라간다. 그러나 상대방의 마음이 한계에 다
다르면 결국 떨어져나가거나 오히려 반발할 수 있다.

이 유형이 펩 토커로 변화하려면 긍정적인 말을 배
우고 연습해야 한다. 오랫동안 사용해온 부정적인 언
어 습관을 바꾸기 위해서는 용기와 노력이 필요할 테
지만 이 부분을 해결하면 상대방의 기량을 지금보다
더 끌어내는 최고의 펩 토커가 될 수 있다.

④ 말로 횡포를 부리는 사람(왼쪽 아래)

상대방과 신뢰 관계를 쌓지 않은 데다 사용하는 말이 부정적이라면 '말로 횡포를 부리는 사람'에 속한다. 서로 신뢰도 없는데 언동이 험해서 갑질, 협박의 경지에 달하기 쉽다.

만약 당신이 이 유형이라면 일단 자신을 돌보는 일부터 시작해야 한다. 그다음으로 해야 할 일은 상대방과 건강한 신뢰 관계를 형성하는 것이다. 상대방은 대화 중에도 당신의 말과 행동이 일치하는지, 속마음을 솔직하게 말하는지, 진심으로 관계를 맺는지를 살펴본다.

이런 유형은 상대와의 관계나 상황, 입장에 따라 다르게 분류될 수 있다. 예를 들어 직장에서는 팀원에게 독설을 퍼붓는 부장이지만 집에 돌아가면 아이의 말에 귀 기울이는 아빠인 경우도 있을 수 있다. 어쨌든 상대방의 의욕을 이끌어내는 펩 토커가 되기 위해서 말을 갈고닦는 것은 물론 서로 간에 신뢰 관계를 쌓는 것이 중요하다.

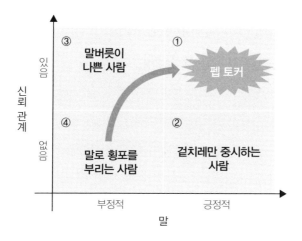

① 신뢰 관계가 있으며 긍정적인 말을 해서 상대방의 의욕을 이끌어내는 최고의 유형이다.

② 신뢰 관계가 없는데 말만 그럴듯하게 한다. 상대방은 이에 아무런 반응도 하지 않고 의심하는 유형이다.

③ 신뢰 관계는 있지만 부정적인 혹은 부적절한 말을 해서 상대방의 의욕을 끌어내지 못하는 유형이다.

④ 신뢰 관계가 없는 데다 언어 습관까지 부정적이라서 상대방을 정신적으로 궁지에 몰아넣는 유형이다.

당신에게 용기를 주는
사람이 되고 싶다

누군가와 신뢰 관계를 쌓으려면 어떻게 해야 할까? 그 해답은 펩 토크의 4단계 속에 있다. 어려울 것 없다. 그저 4단계를 하나씩 실천해서 상대방에게 말을 걸면 차근히 신뢰를 쌓을 수 있다.

1단계 수용으로 이해해주는 단계가 필수다

무슨 말을 하느냐도 중요하지만 어떻게 듣느냐가 더욱 중요하다. 상대방은 당신이 어떤 표정이나 태도로 자신의 이야기를 듣는지 보고 있다. 사람은 자신에 대해 가장 관심이 많기 때문에 자신의 관심사에 주목하는 사람에게 호감을 느낀다.

이를테면 자신이 걱정할 경우 걱정하는 마음을 살펴서 이해해주는 사람을 믿는다. 자신의 존재, 마음, 행동, 결과에 관심을 보이는 사람에게 호감을 갖는 것이다. 그러므로 상대방의 마음을 살펴서 말을 걸어야 한다.

상대방이 부정적인 감정일 때는 그 감정을 상대방보다 조금 과장하되 한층 어조를 낮추고 "그랬구나, 이해해", "그건 괴로웠겠다", "안타깝네", "나도 그렇게 된 적이 있어"라는 말로 상대의 감정에 다가간다.

반면 상대방이 긍정적인 감정일 때는 그 감정을 상대방보다 조금 과장해서 한층 어조를 높이고 "좋네요!", "와, 대단해!", "좀 더 이야기해줘!", "그것 참 잘됐다!"라는 말로 상대의 감정에 거듭 다가갈 수 있다.

사실 말하는 이의 감정이 긍정적이든 부정적이든 상대방보다 훨씬 더 풍부하게 감정 표현을 하면서 이야기를 들으면 좋다. 상대방은 당신이 자신의 이야기를 주의 깊게 들어준다는 느낌을 받기 때문이다.

이를 계속하면 당신은 '상대방을 이해해주는 사람'이 된다.

2단계 승인으로 시점의 전환을 도와야 한다

부정적인 면에 주목하지 말고 긍정적인 면에 초점을 맞춰서 말을 거는 것 또한 중요하다. 그렇게 하면 사고방식이 원인 중심에서 목적 중심으로 바뀐다. "사실은 어떻게 하면 좋겠어?", "넌 뭐가 중요해?"라고 질문하면 상대방이 스스로 깨달을 기회가 생긴다.

"긴장하는 건 네가 진심으로 이 일에 임하고 있다는 증거야", "문제는 성장의 기회가 아닐까?"라고 발상을 전환해주거나 "네게는 동료도 있고 업무 경험도 풍부하잖아", "넌 웃는 얼굴이 멋지고 늘 모두에게 용기를 줘"라고 지금 존재하는 것, 갖고 있는 것에 초점을 맞추도록 도울 수 있다. 이를 습관화하면 당신은 '상대방을 깨닫게 하는 사람'이 된다.

3단계 행동으로 미래로 나아가도록 끌어준다

뭔가를 지시하거나 부탁할 때 '○○하지 마(원치 않은 일+부정형)'라는 부정적인 표현에서 '△△하자(원하는 일)'라는 긍정적인 표현으로 바꿔보자.

똑같은 의미라고 해도 '실수하지 마'라는 말을 듣는 사람은 실수를 거듭하고, '최선을 다하자'라는 말을 듣는 사람은 긍정적인 마음과 미래지향적인 자세를 갖게 된다. 또한 긍정적으로 표현하는 당신과 함께 있으면서 상대방은 기분이 밝아진다, 꿈이 이뤄질 것 같다, 함께 있어서 편안하다는 감정을 느끼게 되고 서로 신뢰 관계를 쌓기가 훨씬 쉬워진다.

"최선을 다하자", "앞으로 한 발 내딛어보자", "끝까지 계속하자", "마음의 여유를 갖자", "목표를 확인하자"처럼 원하는 일을 계속 전달하면 당신은 '상대방을 미래로 이끄는 사람'이 된다.

4단계 격려로 용기를 주는 사람이 된다

누군가를 한 마디 말로 격려할 때에는 어떻게 말할 것인지 잘 생각해야 한다. 짧고 단순한 말로 상대방을 격려하기 위해 주의를 기울일수록 표현을 정성스럽게 다듬게 된다. "너라면 할 수 있어", "너답게 해", "자신을 믿어", "너라면 괜찮아!"와 같이 상대방의 가능성을 믿는 말로 용기를 주고, "자, 해보자!", "마음껏 즐겨!", "좋았어, 가자!" 같은 말로 등을 살짝 떠밀어주자. 자신을 믿어주는 사람이 용기를 북돋우는 말을 해주면 진심으로 마음이 든든해진다. 이를 계속하면 당신은 '상대방에게 용기를 주는 사람'이 된다.

이처럼 평소에 신뢰 관계를 쌓을 때도 펩 토크의 4단계를 응용할 수 있다는 것을 알겠는가? 다음 페이지에 4단계를 따라 신뢰 관계를 쌓기 위해 일상적으로 실천할 수 있는 표현 방식을 정리해봤다. 이를 참고해서 다른 사람에게 말을 걸어보면 어떨까?

신뢰 관계를 만드는 말의 4단계

단계	방법과 예시	결과
1단계 수용 사실 받아들이기	부정적인 감정에 공감한다. "그랬구나, 이해해." "그건 괴로웠겠다.", "안타깝네." "나도 그랬던 적이 있어." 긍정적인 감정에 공감한다. "좋네요!", "와, 대단해!" "좀 더 들려줘!", "그것 참 다행이야!"	이해해주는 사람이 된다.
2단계 승인 시점 전환하기	발상을 전환한다. "긴장하는 건 진심이라는 증거야." "문제는 성장의 기회가 아닐까?" 현재 갖고 있는 것에 초점을 맞춘다. "네게는 동료도 있고 경험도 있어." "넌 웃는 얼굴이 멋지고 늘 모두에게 용기를 줘."	깨닫게 하는 사람이 된다.
3단계 행동 목표 행동으로 끌어주기	"최선을 다하자." "한 걸음 앞으로 내딛어보자." "끝까지 계속하자." "마음의 여유를 갖자." "목표를 확인하자."	미래로 이끄는 사람이 된다.
4단계 격려 등 밀어주기	상대방의 가능성을 믿는다. "너라면 할 수 있어.", "너답게 해." "자신을 믿어.", "너라면 괜찮아!" 등을 살짝 밀어준다. "자, 해보자!", "즐겨!", "좋았어, 가자!"	용기를 주는 사람이 된다.

사람의 마음은 논리적인
이야기로만 움직이지 않는다

거듭 강조하듯 펩 토크는 신뢰 관계를 토대로 성립되며, 펩 토크가 4단계로 구성되는 이유도 여기에 있다. 바꿔 말하자면 말하는 이와 듣는 이 사이에 신뢰 관계가 없으면 4단계가 성립되지 않는다. 사실 펩 토크와 이를 듣는 사람의 마음 상태는 4단계와 연결되어 있다(179쪽 참조).

1단계 수용에서는 상대방이 현재의 감정이나 상황을 사실로 받아들이도록 돕는 말을 해야 한다. 그러나 상대방이 처한 상황이 꽤 심각하거나 긴장이나 불안으로 감정이 부정적인 상태라고 인정하는 순간, 마음은 말을 시작하는 시점보다 더 언리소스풀한 상태에 가까워진다.

이때 상대방으로 하여금 부정적인 상태를 받아들이도록 도우려면 서로 간에 단단한 신뢰 관계가 필요하다. 당신이 펩 토크의 4단계를 따라 말하는 동안 상대의 마음속에서는 다음과 같은 변화가 일어난다.

- 현재의 감정과 상황을 있는 그대로 수용한다.
  → 마음 상태가 내려간다(언리소스풀한 상태로 향함).
- 수용한 사실을 승인을 통해 긍정적으로 다시 파악한다.
  → 마음 상태가 올라간다(리소스풀한 상태로 향함).
- 실제 목표로 하는 행동을 구체적으로 상상한다.
  → 불안, 긴장 등의 심리적인 벽을 넘는다.
- 격려로 등을 떠밀어 자신감 넘치는 마음 상태가 된다.
  → 제 실력을 100퍼센트 발휘할 수 있다.

펩 토크와 마음의 구조는 연결되어 있다

이렇듯 펩 토크에서는 상대방이 자신의 현재 감정

과 상황을 인정하면서 마음 상태가 순간적으로 내려 갔을 때, 2단계의 승인으로 모든 긴장과 불안 요소를 다시금 파악하고, 단숨에 마음 상태를 높이도록 돕는 다. 앞서 승인을 '골든 스텝'이라고 설명한 것은 어떻 게 상대방의 시점을 전환하여 마음 상태를 바꾸느냐 가 바로 이 단계에 달렸기 때문이다.

펩 토크는 매우 논리적인 구조를 따르는 대화법이 다. 따라서 응원하려는 상대에게 어떤 말을 할 것인 지 신뢰 관계를 바탕으로 고민하고 선택해야 한다. 실제로 사람의 마음은 논리적인 이야기만으로 움직이 지 않기 때문이다. 그것은 똑같은 격려의 말에도 상 대방에 따라 반응이 다르다는 뜻이기도 하다.

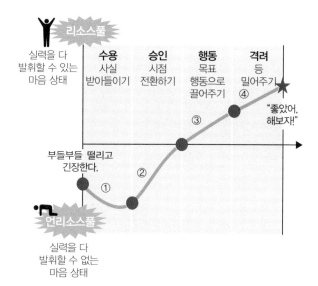

펩 토크를 들었을 때 마음이 반응하는 과정

리소스풀
실력을 다
발휘할 수 있는
마음 상태

수용	**승인**	**행동**	**격려**
사실	시점	목표	등
받아들이기	전환하기	행동으로	밀어주기
		끌어주기	④
		③	

"좋았어,
해보자!"

부들부들 떨리고
긴장한다.
①
②

언리소스풀
실력을 다
발휘할 수 없는
마음 상태

① 상대방이 현재의 감정과 상황을 받아들이게 하기 위해 일단 공감하며 마음 상태를 낮춘다.

↓

② 시점의 전환을 통해 감정이나 상황을 다시 긍정적으로 파악하여 마음 상태가 높아지도록 돕는다.

↓

③ 목표로 하는 행동의 이미지를 환기하여 상대로 하여금 마음의 벽을 넘고 다시 의욕을 높이도록 한다.

↓

④ 마음의 벽을 넘은 상태에 다시 한 번 등을 밀어주면 제 실력을 발휘할 수 있는 마음 상태가 된다.

사람들마다 맞춤 스위치가
필요한 이유

펩 토크는 원래 스포츠 시합 전에 감독이나 코치가 선수들을 격려하는 짧은 연설이다. 이런 설명을 들으면 아마 잔뜩 기합이 들어간 선수들에게 그를 웃도는 기백을 가진 열혈 감독이 큰 소리로 격려하는 장면을 떠올릴지도 모른다.

'솔직히 나는 그런 성격이 아닌데, 다른 사람을 격려할 수 있을까?'

어쩌면 이 책을 읽으면서 자신은 그렇게 패기 넘치는 성격이 아니라 이런 대화는 무리라며 주눅 드는 사람이 있을지도 모른다. 그렇게 생각하는 것도 당연하다. 하지만 걱정할 필요 없다.

여러분이 하나 알아둘 것이 있다. 사람은 그때그때 마음 상태에 따라 의욕 스위치가 다르다는 사실이다. 상황이 달라지면 강하게 반응하는 말도 달라진다.

똑같은 말인데 왜 다르게 반응할까?

병원에서 물리치료사로 근무했을 때의 이야기다. 당시 내가 근무하던 병원에는 매년 눈이 내리기 시작할 무렵이면 눈길에서 넘어져 발목 골절로 입원하는 할아버지, 할머니가 많았다. 증상에 따라 다르지만 수술까지 포함해서 3개월 넘게 입원하는 경우가 허다했다.

고령자에게 이런 일이 닥치면 갑자기 걷지 못하게 되는 충격, 수술이나 앞으로의 생활에 대한 불안 등 헤아릴 수 없는 마음의 부담이 생기기 마련이다. 수술이 끝나고 재활 치료가 시작될 때 나는 낙담한 할아버지, 할머니들이 힘을 내도록 처음에 이런 식으로 말을 걸었다.

> 여러분이 하나 알아둘 것이 있다.
> 사람은 그때그때 마음 상태에 따라 의욕 스위치가 다르다는 사실이다.
> 상황이 달라지면 강하게 반응하는 말도 달라진다.

"오늘부터 재활 치료네요! 반드시 건강하게 걸으실 수 있을 겁니다. 힘내세요!"

이 말에 A 씨는 "그런가, 자네가 그렇게 말한다면 재활 치료를 열심히 하겠네"라고 대답했다.

반면 B 씨는 "재활 치료 따위 힘들어 보여서 하고 싶지 않아"라고 대답했다. 그럴 때에 나는 즉시 "아닙니다. 재활 치료는 힘들지 않아요. 아주 간단한 것부터 시작하니까 괜찮아요. 같이 해보세요!"라고 받아쳤다. 하지만 B 씨는 변함 없이 흥미가 없는 듯한 표정으로 좀처럼 의욕을 보이지 않았다.

또한 C 씨는 내 말에 "나는 이제 나이가 많아서 걷지 못하는 게 당연해요"라고 했다. 나는 즉시 "아닙니다. 아직 젊으세요. 반드시 걸으실 수 있을 테니 함께 재활 치료를 해보세요!"라고 했지만 C 씨는 불안하거나 포기했다는 얼굴을 한 채 좀처럼 의욕을 보이지 않았다.

똑같은 말을 했는데 왜 이렇게 사람마다 반응이 다른 걸까? 직장에서는 상사, 학교에서는 선생님, 가정에서는 부모, 스포츠에서는 감독, 코치 등 관리자나

지도자, 보호자의 입장에 있는 사람, 즉 상대방의 행동을 이끌고 마음을 돌봐주어야 하는 사람에게 아무리 좋은 기술이 있어도 정작 상대방이 의욕을 보이며 행동하도록 이끌지 못한다면 아무 소용없다.

재활 치료도 똑같다. 물리치료사는 환자가 하루 빨리 걸을 수 있게 되어 퇴원하기를 바라지만 정작 당사자가 의욕이 없거나 재활 치료를 하러 오지 않으면 허사다. 아마 당신도 상대방을 격려하거나 의욕을 불러일으키려고 했지만 상대방의 반응이 미적지근한 상황에 직면한 적이 있을 것이다. 누구나 응원을 받고 단번에 강한 의욕이 솟아나면 좋겠지만 사람은 저마다 반응이 다르다.

그래서 소통이 어려운 것이다.

세 가지 스위치 가운데
하나를 선택하는 법

똑같은 격려의 말에도 저마다 반응이 다른 이유는 무엇일까? 나는 그 이유를 알고 싶어서 모든 사람의 의욕을 불러일으킬 수 있는 방법을 찾기 시작했다. 그러던 중에 알게 된 것이 바로 펩 토크였다.

펩 토크를 배우면서 무엇보다 상대방의 마음 상태에 맞춰 말을 걸어야 한다는 사실을 깨달았다. 바꿔 말하면 마음 상태에 따라 의욕을 일으키는 스위치가 사람마다 다르다는 것이었다. 상대방의 마음 상태에 따라 필요한 스위치는 크게 세 가지가 있다.

1. 가능성 스위치

2. 두근두근 스위치

3. 안도감 스위치

상대방의 마음 상태에 맞춰 말을 걸어야 한다

첫 번째 가능성 스위치는 무엇일까? 이 스위치는 시합을 앞둔 스포츠 선수처럼 격려가 필요한 상대가 지금까지 반복 학습을 통해 실력을 닦았지만 실전에서 능력을 전부 발휘할 수 있을지 불안해하고 긴장하는 상황에서 사용할 수 있다.

두 번째 두근두근 스위치는 지금까지 해본 적 없는 새로운 일에 도전하는 불안한 상황에서 사용할 수 있다. 마지막으로 안도감 스위치는 동료와 친구들로부터 격려와 응원을 받고 그것을 안정적인 힘으로 바꾸고 싶어 할 때 사용할 수 있다.

이 세 가지 가운데 하나의 스위치를 선택하여 누르기 전에 필요한 과정이 있다. 일단 상대방이 어떤 마음 상태인지를 살피는 것이 중요하다. 차근히 살

핀 후에 여기에 주목해서 말하면 상대방의 마음 상태에 맞춰 의욕을 적절히 이끌어내는 데 도움이 될 것이다. 이제부터 세 가지 스위치를 하나씩 살펴보도록 하자.

심리적인 벽을
뛰어넘어야 하는 순간

- 상대의 힘을 인정해주는 가능성 스위치

앞에서 소개한 A 씨의 경우에는 가능성 스위치가 필요하다. A 씨의 마음 에너지는 아직 긍정적인 상태이지만, 자신감이 갈수록 떨어진다는 점이 그에게 가장 큰 마음의 벽이다.

뼈가 부러져서 입원했지만 그에게는 아직 체력과 기력이 충분하다. 비록 재활 치료가 힘들더라도 끈기 있게 하면 잘될 거라고 마음먹으면 심리적인 벽을 뛰어넘을 수 있지 않을까? 이럴 때 필요한 것은 "당신이라면 할 수 있다"처럼 상대의 힘을 인정하고 자신감을 주는 말이다.

"오늘부터 재활 치료네요! 반드시 건강하게 걸으실 수 있을 겁니다. 힘내세요!"

실제로 A 씨에게 이렇게 말했더니 딱 들어맞았다. 그 스스로가 자신의 능력을 인정받았다고 생각하게 된 것이다. 그는 이 말에 "그런가, 자네가 그렇게 말한다면 재활 치료를 열심히 하겠네"라고 대답했다.

"당신이라면 할 수 있다"고 믿어주는 말

이처럼 자신에게 능력이 있다고 믿으면서도 그것을 발휘할 수 없을지도 모른다는 불안이나 걱정에 압도된 상황에서는 심리적인 벽을 극복하기 위해 가능성을 확인해주는 말의 힘이 필요하다(193쪽 그림 참고).

A 씨를 위한 펩 토크의 4단계

▷ A 씨, 오늘부터 재활 치료네요. 다시 걸을 수 있을지 불안하실 수도 있을 겁니다. (수용)

▷ 하지만 지금까지 건강하게 활동하셨으니 자신감을 회복

하면 반드시 원래의 생활로 돌아가실 수 있습니다. (승인)

▶ 일단 날마다 재활 치료에 꾸준히 임해주세요. (행동)

▶ A 씨라면 반드시 할 수 있습니다. 제가 도울 테니 같이 힘내세요! (격려)

미식축구 학생 팀 감독의 펩 토크에서는 상대방이 강하다는 사실을 인정하면서도 "플레이나 팀워크, 어느 것을 따져 봐도 우리 쪽이 훨씬 위야! 그 정도의 힘은 너희들 개개인이 다 갖고 있다. 너희들이라면 할 수 있어. 너희들이라면 할 수 있다고!"라며 학생들의 힘을 거듭 인정했다. 미식축구에 대한 열정, 꾸준한 연습으로 단련한 몸과 팀워크, 이런 것들을 합친 힘이 너희들에게 있다, 너희들은 할 수 있다는 메시지를 건넨 것이다.

이 메시지로 선수들은 할 수 있다는 자신감을 확인하며 강한 대전 상대에 대한 부담감을 떨쳐내고 훌륭한 경기를 선보였다.

Case Study ·

고등학교 축구부 선수들이 축구 지역 대회 결승을 앞두고 있다. 시합 전의 라커 룸에서 감독이 선수들에게 펩 토크를 한다.

선수들의 마음 상태

고등학교 결승전을 앞두고 불안과 의욕이 뒤섞여 있다.

선수들을 위한 펩 토크

▶ 결승전까지 잘 왔다. 상대는 전국대회 강호 학교야. (수용)

▶ 상대에게 모자란 점은 없어. 오히려 이것이 너희들의 힘을 증명할 기회다! (승인)

▶ 지금까지 극복한 연습을 생각해봐! 동료를 믿고 패스를 돌려! 끝까지 빈틈없이 수비하자! 그리고 기회가 오면 주저하지 말고 공을 발로 차! (행동)

▶ 너희들이라면 반드시 이길 수 있어! 자, 마음껏 즐기고 와! (격려)

해설

가능성 스위치는 마음의 벽을 뛰어넘는 구름판과 같은 역할을 한다. 구름판에 힘껏 발을 굴러 가능성을 높임으로써 의욕이 생겨서 힘을 발휘할 수 있는 마음 상태가 되어야 지금까지 쌓아온 능력을 전부 선보일 수 있다.

자신의 능력을 인정하고 결과에 집중해서 가능성을 높이는 순간 부담감, 긴장, 불안 등 마음의 벽을 무너뜨리는 의욕의 스위치가 눌린다.

중요한 일을 앞두고 상대방이 먼저 상황을 확실히 받아들이고 그 벽이 높을수록, 또는 위기일수록 자신의 능력을 자각하여 부담감을 떨쳐버릴 수 있도록 용기를 주는 것이 효과적이다.

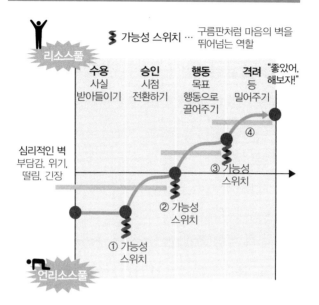

① 너희들 결승전까지 잘 왔다. 상대는 전국대회 강호 학교야.

↓

② 상대에게 모자란 점은 없어. 오히려 이것이 너희들의 힘을 증명할 기회다!

↓

③ 지금까지 극복한 연습을 생각해봐!
동료를 믿고 패스를 돌려! 끝까지 빈틈없이 수비하자!
그리고 기회가 오면 주저하지 말고 공을 발로 차!

↓

④ 너희들이라면 반드시 이길 수 있어! 자, 마음껏 즐기고 와!

실패하면 안 된다는
부담감을 덜어주는 4단계 대화법

- 두근두근 스위치 활용법

"오늘부터 재활 치료네요! 반드시 건강하게 걸을 수 있게 될 겁니다. 힘내세요!"라는 내 격려의 말에 "재활 치료 따위 힘들어 보여서 하고 싶지 않아"라고 대답한 B 씨. 이때 B 씨의 마음 에너지는 한껏 가라앉아 있다.

부담감 탓에 이 상황을 즐길 수 없거나 '해내야 한다'라는 의무감 때문에 앞으로 일어날 일에 흥미를 갖지 못하고 에너지가 단단히 갇혀 있는 상황이다.

결국 B 씨의 마음속에서는 재활 치료가 힘든 일, 재미없는 일이 되고 말았다. 하지만 그의 진짜 목적은 다시 건강해져서 손주와 놀거나 여행을 가는 것일지도 모른다. 이때 재활 치료나 걷기는 그가 목적을 이루도록 도와줄 수단이 된다. 따라서 그에게 이런 목적을 환기해주는 것이 효과적일 수 있다.

"B 씨, 오늘부터 재활 치료네요. 입원한 동안은 매일 답답하고 지루하실 수도 있어요. 원래 취미가 여행이라고 들었는데 퇴원하면 어디로 여행을 가고 싶으세요?"

이렇게 말해보면 어떨까? B 씨는 재활 치료보다 여행에 관심이 큰 만큼 이런 접근이 그의 의욕 스위치를 누를 수 있다.

불안을 설렘으로 바꿔주는 말

B 씨는 199쪽의 그림처럼 출발 지점에서 좁은 장소에 갇혀 '~해야 한다'라는 압박감, '성공해야 한다'라는 부담감 탓에 자유를 빼앗긴 상태다. 따라서 그 틀을 없애서 자유롭고 즐겁게 능력을 발휘할 수 있는

마음 상태를 만들어주어야 한다.

B 씨를 위한 펩 토크의 4단계

▸ B 씨, 오늘부터 재활 치료네요. 입원한 동안은 매일 답답하고 지루하실 수도 있어요. (수용)

▸ 원래 취미가 여행이라고 들었는데 퇴원하면 어디로 여행을 가고 싶으세요? (승인)

▸ 퇴원 후에 여행하는 모습을 상상하면 가슴이 두근거리지 않으세요? 그렇게 생각하면 재활 치료도 즐겁게 하실 수 있을 것 같아요. (행동)

▸ 저와 함께 즐겁게 해봅시다. (격려)

"마음껏 즐기고 와!"라고 했던 축구 대표팀 감독의 한 마디가 기억나는가? 이 말이 월드컵 첫 우승이 걸린 승부차기에서 반드시 골을 넣어야 한다는 심리적인 벽을 반대로 즐거운 경험으로 바꿔주었다.

앞으로 시작되는 승부차기가 최고로 즐거운 경험이 될 거라고 생각한 순간, 선수들의 의욕 스위치가 힘껏 눌렸다.

Case Study ·

주인공을 처음 맡아서 너무나 긴장한 나머지 자신만의 개성을 잃은
배우가 있다. 그녀에게 친구가 막이 올라가기 직전에 펩 토크를 건
넨다.

배우의 마음 상태

그동안 간절히 바라던 주인공의 자리를 얻어냈고 오늘까지 열심히
연습에 힘썼다. 그러나 무대를 반드시 성공시켜야 한다는 책임감이
심해진 탓에 엄청난 의무감을 느끼고 있다. 원래 자신의 개성 넘치
는 연기를 어떻게 하면 보여줄 수 있을지 망설이며 부담을 느끼고
있다.

배우를 위한 펩 토크

▶ 오늘이 주인공으로 서는 첫 무대지? 잘해야 한다, 완벽하게 해
  야 한다고 부담을 느끼는 거 아냐? (수용)

▶ 하지만 네 장점은 시원스럽게 웃는 얼굴과 모두에게 활력을 주
  는 약동감이야. (승인)

▶ 그러니까 지금까지 가장 즐거웠던 무대를 생각해봐. 그때의 즐
  거운 마음과 가볍게 움직였던 몸의 감각 그대로 오늘 무대에 오
  르면 될 거야. (행동)

▶ 오늘이 너에게 최고로 즐거운 무대가 될 거야! (격려)

두근두근 스위치는 답답한 현재 상황의 틀에서 벗어나도록 도와준다. 두근거리는 느낌을 높이면 의욕이 솟아나서 능력을 발휘할 수 있는 마음 상태를 갖게 된다. 이로써 의무감에서 오는 부담감, 위축되거나 기분이 내키지 않고 재미없어서 일이 손에 안 잡히는 상황에서 벗어날 수 있다.

상대가 타고난 자신의 장점을 보여주지 못하고 틀 안에 머무르는 상태라면 자신만의 개성, 즐거움, 설렘으로 그 틀에서 벗어나도록 돕는 것이 중요하다. 앞으로 일어날 일이 얼마나 자유롭고 즐거운 경험인지를 전해주자. 정확하게 하는 것보다 즐겁게 하는 마음이 중요하다는 것을 떠올려주어야 한다.

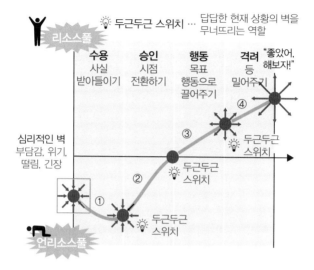

두근두근 스위치가 작동하는 과정

두근두근 스위치 … 답답한 현재 상황의 벽을 무너뜨리는 역할

리소스풀

| 수용 | 승인 | 행동 | 격려 | "좋았어, 해보자!" |
| 사실 받아들이기 | 시점 전환하기 | 목표 행동으로 끌어주기 | 등 밀어주기 | |

심리적인 벽
부담감, 위기,
떨림, 긴장

두근두근 스위치

두근두근 스위치

언리소스풀

① 오늘이 주인공으로 서는 첫 무대지? 잘해야 한다, 완벽하게 해야
한다고 부담감을 느끼는 거 아냐?

↓

② 하지만 네 장점은 시원스럽게 웃는 얼굴과 모두에게 활력을 주는
약동감이야.

↓

③ 그러니까 지금까지 가장 즐거웠던 무대를 생각해봐.
그때의 즐거운 마음과 가볍게 움직였던 몸의 감각 그대로 오늘 무
대에 오르면 될 거야.

↓

④ 오늘이 너에게 최고로 즐거운 무대가 될 거야!

힘내라는 말이
역효과를 가져오는 경우

- 상대를 다시 일으켜 세우는 안도감 스위치

"오늘부터 재활 치료네요! 반드시 건강하게 걸으실 수 있을 겁니다. 힘내세요!"

내 격려의 말에 C 씨는 "나는 이제 나이가 많아서 걷지 못하는 게 당연해요"라고 대답했다. C 씨의 마음 에너지는 약간 가라앉은 상태에 가깝다. 게다가 불안과 걱정이라는 두꺼운 심리적 벽 때문에 포기한 상태이다. 이런 경우 아무도 자신을 이해해주지 않는다는 고독감을 느낄 수도 있다.

C 씨는 애써 의욕을 발휘해서 힘내려고 해도 마음 에너지가 완전히 고갈되어 있다. 이 상태에서 힘내자

고 아무리 격려해봤자 역효과다. 오히려 이 사람은 자신을 이해해주지 않는다고 생각하며 거부감을 느낄 것이다. 혹여 억지로 받아들여서 힘내려고 해도 에너지가 고갈된 상태이기 때문에 겉으로만 괜찮은 척 애쓰다가 곧 방전되고 말 것이다.

이런 경우에는 일단 마음 에너지가 가라앉는 것을 막지 말고 공감해주어야 한다. 함께 내려가서 심리적인 쿠션에 머물러 부정적인 상태를 인정한 후 에너지의 방향을 위로 바꾸는 계기를 붙잡아야 한다.

> "C 씨, 오늘부터 재활 치료네요. 갑자기 걷지 못하게 되는 바람에 다시 걸을 수 있을지 내심 불안하시지요? 골절된 분들은 다들 그런 마음을 갖고 있어서 이해합니다."

이렇게 말하면 C 씨는 자신의 괴로운 심정을 이해해주는 사람이 있다는 안도감, 자신과 똑같은 경험을 한 사람들이 있다는 안도감을 느낄 수 있게 된다. 이 안도감을 마음을 기댈 쿠션으로 삼아 현재의 감정과 상황을 인정해주면 다시 일어설 수 있다는 의욕이 솟아난다.

"내가 같이 있어줄게"라고 안도감을 주는 말

206쪽의 그림을 보자. 두꺼운 벽에 눌린 것 같은 마음 상태를 일단 아래로 흘러가도록 내버려둔 후 쿠션으로 받아들이면 마음 에너지가 위쪽 즉, 리소스풀한 상태로 향하면서 상승하게 된다.

C 씨를 위한 펩 토크의 4단계

▶ C 씨, 오늘부터 재활 치료네요. 갑자기 걷지 못하게 되는 바람에 다시 걸을 수 있을지 내심 불안하시지요? 골절된 분들은 다들 그런 마음을 갖고 있어서 이해합니다. (수용)

▶ 하지만 C 씨에게는 가족도 있고 우리 직원들도 있으니 모두 함께 돕겠습니다. (승인)

▶ 그러니 일단 꾸준히 할 수 있는 것부터 시작해볼까요? 걱정되는 점이 있으면 언제든지 말씀하세요. (행동)

▶ 괜찮습니다. 모두 곁에 있을 테니까요. (격려)

2014년 소치 동계올림픽의 여자 피겨 스케이팅 쇼트 프로그램에서 아사다 마오浅田真央 선수가 생각지도 못한 실수 때문에 16위로 떨어졌다. 그때 경기장에 함께 있던 언니가 그녀를 격려하려고 "마지막이니까 즐기면서 해"라고 했더니, 아사다 마오 선수는 "즐기면서 할 수 있을 리가 없잖아"라고 되받아쳤다. 반면 그녀의 코치가 "무슨 일이 있으면 선생님이 링크로 도와주러 갈게"라고 말하자 안심이 된 듯 그 말을 잠자코 들었다.

금메달을 기대하며 임한 소치 동계올림픽. 쇼트 프로그램을 아쉽게 끝마치고 당연히 불안했을 것이다. 그때의 아사다 마오 선수에게는 두근거리는 마음을 떠올려주기보다 안도감을 주는 쪽이 실력을 발휘할 수 있는 방법 아니었을까?

코치, 가족, 동료의 말로 도움을 받은 덕분인지 그녀는 프리 프로그램에서 총 6종의 3회전 점프를 8회나 성공하며 개인 최고 기록을 갱신해낼 수 있었다.

Case Study ·

지역 회관에서 피아노 학원 주최 발표회가 열린다. 초등학교 4학년인 미나는 몇 개월 동안 자신이 좋아하는 피아노 선생님과 함께 가장 자신 있는 곡인 '강아지 왈츠'를 연습했다. 드디어 다음이 미나의 발표 순서이다. 무대 옆에서 선생님이 미나에게 펩 토크를 건넨다.

미나의 마음 상태

첫 발표회인 데다 부모님과 친구들이 응원하러 왔기에 열심히 하고 싶지만 긴장해서 양손이 오들오들 떨린다. 미나는 손이 떨려서 곡을 제대로 칠 수 없을까 봐 매우 초조해하고 있다.

미나를 위한 펩 토크

▶ 미나야. 손이 떨리는구나. 선생님도 중요한 발표회 전에 그런 적이 있어. (수용)

▶ 하지만 괜찮아. 그건 네가 진심으로 노력했다는 증거야. (승인)

▶ 진심으로 노력하면 최고의 연주를 할 수 있다고 선생님이 늘 말했지? 그러니 네 진심을 보여주고 와. (행동)

▶ 괜찮아. 자, 다녀와! (격려)

해설

안도감 스위치는 부정적인 감정과 상황으로 인해 아래로 주저앉은 마음을 받아들이는 쿠션 같은 역할을 한다. 안도감을 높이면 의욕이 솟아나서 능력을 발휘할 수 있는 마음 상태를 가질 수 있다. 따라서 일단 불안감을 안도감으로 바꾸는 것이 중요하다.

못난 자신을 남들에게 보여주고 싶지 않다는 불안과 걱정에 시달리거나 자신감을 잃으면 우울해지기 쉽다. 하지만 불안한 마음을 쿠션에 기대어 괜찮다, 안심할 수 있다고 생각하게 되면 힘을 발휘하기 쉬워진다.

여기에서는 '선생님도 그런 적이 있다 = 안심', '손이 떨린다 = 진심으로 노력했다는 증거'라는 말을 듣고 의욕을 서서히 회복하게 된다. 상대방이 마음 편히 안정감을 찾도록 격려하는 것이 가장 핵심이다.

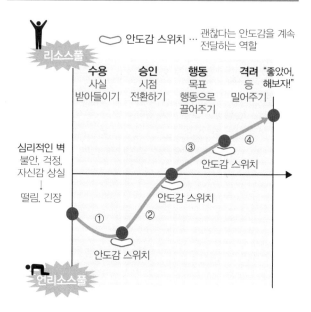

① 미나야, 손이 떨리는구나.
   선생님도 중요한 발표회 전에 그런 적이 있어.
   ↓

② 하지만 괜찮아. 그건 네가 진심으로 노력했다는 증거야.
   ↓

③ 진심으로 노력하면 최고의 연주를 할 수 있다고 선생님이 늘 말
   했지? 그러니 네 진심을 보여주고 와.
   ↓

④ 괜찮아. 자, 다녀와!

내 마음이 튼튼해야
남을 격려할 수 있다

잠시 상상해보자. 당신을 격려하고 의욕에 불을 붙여주는 사람이 있다. 그 사람은 정작 본인의 마음 상태는 엉망진창이지만 당신만은 힘을 내기를 바라기 때문에 상당히 무리해가며 당신을 격려해준다.

그는 당신 앞에서는 전혀 힘든 내색을 보이지 않고 웃는 얼굴로 활발하게 행동한다. 하지만 이를 점점 숨기지 못하게 되었고 왠지 모를 위화감을 느끼기 시작한 당신은 그 사람의 마음 상태가 엉망이라는 사실을 발견한다. 이를 알고 당신은 '나보다 더 힘들면서 왜 솔직히 말해주지 않았을까?' 생각하며 서글픈 마음이 들 것이다.

이 이야기를 읽고 당신은 어떤 기분이 드는가? 이처럼 자기희생을 토대로 상대에게 뭔가를 주거나 용기를 북돋우는 것이 성립될 수 있을까?

기분이 좋아지게 만드는 박자의 힘

격려나 위로를 할 때 자칫 자신은 뒷전으로 미루기 쉽다. 하지만 일단 상대를 격려하기 전에 당사자가 건강한 심리 상태를 유지해야 한다. 우리는 자신의 마음을 좋은 상태로 지키거나 자기 자신을 격려하기 위해 나 자신에게 펩 토크를 할 수 있다. 이를 '셀프 펩 토크'라고 한다.

셀프 펩 토크는 특별한 것이 아니다. 당신도 뭔가를 시작하기 전에 "괜찮아, 할 수 있어!", "좋아, 힘내자!"라고 소리 내서 말하거나 마음속으로 혼잣말을 해본 적이 있을 것이다.

피겨 스케이팅 선수 하뉴 유즈루羽生結弦가 소치 동계올림픽에 출전했을 때의 일화다. 쇼트 프로그램에서 1위에 오르고 남은 프리 연기를 성공하면 금메달을 딸 수 있는 상황이었다. 환호성 속에서 등장한 그는 링크 한가운데의 스타트 위치에 서서 연기가 시작되기 직전 자신에게 중얼거렸다.

"오케이, 즐기자!"

그 후 그는 완벽한 연기를 보여주며 금메달을 목에 걸었다. 이처럼 자신에게 보내는 응원의 말이 바로 셀프 펩 토크다. 즉 자신을 직접 격려하는 말이다.

나의 의욕 스위치가 어떻게 작동하는지는 자신이 가장 잘 알고 있다. 열심히 노력하거나 힘을 내고 싶을 때 당신이 주로 어떤 말을 사용하는지 생각해보자. 자신이 좋아하는 말이 그대로 셀프 펩 토크가 되는데, 그런 말을 갖고 있지 않더라도 좋은 방법이 있다.

337 박자에 맞춘 '337 펩 토크'가 그것이다. 337 박자란 '짝짝짝, 짝짝짝, 짝짝짝짝짝짝짝' 리듬으로, 우리는 흔히 여기에 맞춰서 박수를 치며 응원한다. 337 펩 토크를 할 때에도 자신에게 힘을 주는 말이나 목

표를 떠올릴 수 있는 말을 이 박자에 실으면 된다. 의욕을 되찾고 싶거나 자신을 직접 격려하고 싶을 때 자신에게 말을 거는 것이다.

"○○○! ○○○! ○○○○○○○!"

방법은 간단하다. 이렇게 세 글자, 세 글자, 일곱 글자가 되도록 말을 만들어보면 된다. 예를 들어 꿈의 실현이나 목표 달성을 상상하면서 337 박자에 맞춰서 중얼거려볼 수 있다.

"잘한다! 잘한다! 반드시 난 잘한다!"

내가 원하는 미래의 모습을 상상하면서 중얼거려보는 건 어떨까?

"될 거야! 될 거야! 반드시 난 될 거야!"

어떤가? 기분이 완전히 가라앉았더라도 펩 토크를 따라가는 사이 조금은 좋아질 것이다. 337 박자에는 사람의 기분이 좋아지게 만드는 힘이 담겨 있다.

격려나 위로를 할 때 자칫 자신은 뒷전으로 미루기 쉽다.

하지만 일단 상대를 격려하기 전에 당사자가 건강한 심리 상태를 유지해야 한다.

나의 의욕 스위치가 어떻게 작동하는지는 자신이 가장 잘 알고 있다.

열심히 노력하거나 힘을 내고 싶을 때

당신이 주로 어떤 말을 사용하는지 생각해보자.

"할 거야, 할 거야,
너라면 해낼 거야."

우리 딸 이름은 마유다. 마유가 사립 중학교 입시를
준비하며 나와 함께 수학 공부를 할 때 337 펩 토크를
사용한 적이 있다.

"알 거야! 알 거야! 마유라면 알 거야!"
"풀 거야! 풀 거야! 마유라면 풀 거야!"
"잘한다! 잘한다! 우리 마유 잘한다!"

나는 마유가 문제를 푸는 동안 옆에서 이렇게 속삭
여주었다. 처음에 아이는 '그게 뭐야?'라는 듯 의아한

표정을 지었지만, 그만두지 않고 날마다 몇 번이고 반복해서 337 펩 토크를 들려주었다. 급기야 딸이 "아빠, 짜증나!"라고 대꾸했지만 반복해서 들려주는 동안 점점 변화가 생겼다. 어느 날부터인가 마유가 자기 입으로 이 말을 중얼거리며 문제를 풀기 시작한 것이다.

"알 거야! 알 거야! 마유라면 알 거야!"
"풀 거야! 풀 거야! 마유라면 풀 거야!"
"잘한다! 잘한다! 우리 마유 잘한다!"

결국 이것이 마유에게 습관이 되어 늘 "알 거야! 알 거야!", "풀 거야! 풀 거야!"라고 본인 스스로 말하기 시작했다. 그 후 마유는 가능성이 꽤 낮았던 지망 학교에 합격했다.

마음을 조절하려면 몸과 말의 스위치가 필요하다

말의 영향력은 우리가 생각하는 것보다 훨씬 더 강력하다. 사실 이런 말을 중얼거리는 행동에는 단순히 힘이 나는 것 외에도 심리적인 효과가 더 있다.

"알 거야! 알 거야!"라고 말하면 과거에 모르던 문제의 풀이법을 알아냈을 때의 자신, "풀 거야! 풀 거야!"라고 말하면 과거에 혼자 힘으로 문제를 풀어냈을 때의 자신이 되어 지금 눈앞에 놓인 문제에 대처할 용기가 생긴다. 우리는 '말, 몸, 마음'을 한 묶음으로 기억하기 때문이다.

- **말**(자신이나 타인이 하는 말)

- **몸**(표정, 자세, 동작, 신체 감각)

- **마음**(기분, 감정)

직접 연습을 해보자. 가슴을 펴고 팔꿈치를 구부려서 두 주먹을 불끈 쥔 뒤 45도 각도 위로 비스듬히 들고 활짝 웃어보라(몸). 이때 슬프거나 화나는 기분이 되기는 어렵다(마음). 입으로 "오늘은 정말 기분이 나빠!"라는 말을 하려고 해도 위화감을 느낄 것이다(말).

반대로 등을 구부리고 어깨를 축 늘어뜨린 채 양손의 힘을 뺀 뒤 45도 각도 아래로 비스듬히 내려서 오만상을 지으며 한숨을 쉬어보자(몸). 이때 즐겁고 신나는 기분이 되기는 어렵다(마음). "오늘은 최고로 행복해!"라는 말을 하려고 해도 위화감을 느낄 것이다(말).

이처럼 우리는 온갖 경험을 하며 그때의 말, 몸, 마음의 상태를 마치 하나의 묶음처럼 느끼고 기억한다. 따라서 결국 자신의 마음 상태를 어떻게 조절하는가에 따라 의욕도 변화하며 실력을 발휘하는 방식도 달라진다.

마음을 조절하려면 몸과 말의 스위치가 필요하다. 337 펩 토크와 같은 셀프 펩 토크는 말의 스위치를 사용해서 마음 상태를 조절하는 확실한 방법이다.

337 펩 토크 기초 편

먼저 나만의 337 펩 토크를 만들어보자.

일단 셀프 펩 토크를 언제, 어떤 상황에서 하고 싶은지 상상한다. 그리고 그때 자신이 가장 힘을 낼 수 있는 말을 선택해서 337 박자에 넣어본다. 글자 수를 꼭 지킬 필요는 없다. 글자 수가 남거나 부족해도 337 박자로 말할 수 있으면 충분하다.

아침에 기분 좋게 일어나고 싶을 때

▷ 일어나, 일어나, 오늘 하루도 즐겁게!

이제부터 힘을 내서 일하겠다고 할 때

▷ 할 거야, 될 거야, 지금 여기 집중해!

목표를 향해 마지막으로 전속력을 낼 때

▷ 앞으로 나가자. 있는 힘을 다해서!

다이어트를 위해 노력할 때

▷ 빠진다, 빠진다, 삼 키로가 빠진다.
▷ 올해는 입을 거야. 아껴뒀던 원피스.

---

337 펩 토크 응용 편 ·

앞서 살펴봤던 4단계를 따라서 337 펩 토크를 만들어보자.

'가능성 스위치'를 켜는 337 펩 토크 예시

"위기야, 위기야, 마음이 불안하네." (수용)

"기회야, 기회야, 위기는 기회라고." (승인)

"할 거야, 할 거야, 나는 꼭 해낼 거야." (행동)

"좋았어, 완벽해, 나는 역시 대단해." (격려)

'두근두근 스위치'를 켜는 337 펩 토크 예시

"알겠다, 알겠다, 뭔가가 다르구나." (수용)

↓

"맞았어, 조금 더, 즐겁게 해야겠다." (승인)

↓

"나답게, 나답게, 지금 정말 행복해." (행동)

↓

"신난다, 해냈다, 두근두근 최고야!" (격려)

'안도감 스위치'를 켜는 337 펩 토크 예시

"불안함, 긴장감, 누구나 갖고 있어." (수용)

↓

"가족들, 동료들, 모두가 옆에 있어." (승인)

↓

"꾸준히, 계속해, 할 수 있는 일들을." (행동)

↓

"용기 내, 앞으로, 한 발 나갈 수 있어." (격려)

337 펩 토크를 응원이 필요한 사람에게 해보는 것도 효과적이다. 내가 연수했던 기업에서는 조회 시간에 당번을 정해서 그날의 337 펩 토크를 생각하여 손장단에 맞추며 다 함께 펩 토크를 외친다고 한다. 다른 누가 아닌 나 자신을 응원하고 싶은 날이라면 쉽고 언제든지 사용할 수 있는 337 펩 토크를 꼭 시도해보길 바란다.

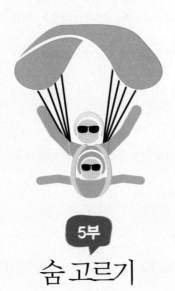

5부
숨 고르기

누구나의 삶에는 어려운 순간이 있다

펩 토크는 사람의 의욕을 불러일으키는 대화법이다.
하지만 나는 실제로 그보다 더 많은 힘이
여기에 숨어 있다고 본다.
희망을 버리지 않으면 어떤 역경이든 극복할 수 있다.
격려의 말은 다른 사람의 인생에 희망을 줄 수 있다.

네가 무엇을 하든
너를 응원할 것이다

이제 드디어 당신만의 펩 토크를 만들어볼 시간이다. 4부에서 사람마다 의욕 스위치가 다르다는 사실을, 또 상황에 따라 마음의 벽도 다르다는 사실을 알았다. 가능성 스위치가 필요한 경우도 있고 두근두근 스위치가 필요한 경우도 있을 것이다.

스위치를 켜는 방법은 사람마다 차이가 있겠지만 입장이나 상황에 따라 그때그때 필요한 스위치가 다르다. 즉 당신이 펩 토크를 하고 싶은 경우, 그런 모든 상황을 파악해서 상대방에게 어떤 말을 하면 좋을지 고민해야 한다. 따라서 상대방에게 늘 관심을 갖고 관찰하는 것이 중요하다.

상대의 감정과 상황을 고려하는 펩 토크 연습

펩 토크의 4단계를 시작하기에 앞서 필요한 질문들을 정리해보았다. 설레는 마음으로 질문에 답해보자. 이 질문에 답하고 나면 누군가에게 펩 토크를 건네는 것이 어렵지 않을 것이다.

0단계 준비

- 격려하고 싶은 상대는 누구인가? 개인인가? 팀인가?
- 상대방의 목표는 무엇인가? 어떤 목표를 이루려고 하는가?
- 상대방은 어떤 계기로 그 목표를 갖게 되었는가?
- 당신은 상대방과 지금까지 어떤 관계를 맺었고 어떤 마음을 가졌는가?
- 상대방이 목표를 달성한 순간을 떠올리면 당신은 어떤 기분이 들고 그때 어떤 말을 해주고 싶은가?

1단계 수용(사실 받아들이기)

- 상황 – 상대방은 어떤 상황에 처해 있는가?

  (예) 시합, 시험, 중요한 프레젠테이션 등

- 감정 – 상대방의 마음 상태는 어떠한가?

  (예) 불안, 걱정, 긴장, 동요, 설렘 등

- 공감 – 당신이 상대방의 입장이 되었을 때 공감할 수 있는 부분은 무엇인가?

  (예) "나도 똑같은 경험이 있다", "누구나 그렇게 된다" 등

2단계 승인(시점 전환하기)

- 상대방이 이 상황을 극복하기 위해서 무엇을 깨닫길 바라는가?

- A – 발상 전환하기(동전 뒤집기)

  (예) 긴장하는 것은 진심이라는 증거, 위기는 성장의 기회 등

- B – 지금 갖고 있는 것에 주목하기(퍼즐 조각)

  (예) 경험, 동료, 해맑음, 고마운 마음이 있다 등

3단계 행동(목표 행동으로 끌어주기)

- 한창 실전에 임한 상황에서 상대방이 무엇을 하기 바라

는가?

- 부정형을 긍정형으로 변환하기 – 원하는 바를 긍정적으로 표현하고 있는가?

  (예 "포기하지 마" → "끝까지 해내자" 등)

- 상대의 행동 변환하기 – 상대가 해내길 바라는 행동을 알려주고 있는가?

  (예 "반드시 이겨라" → "최선을 다하자" 등)

4단계 격려(등 밀어주기)

- 당신은 마지막에 무슨 말로 상대방을 다독여주는가?

- A – 어떤 말이 상대방의 등을 밀어주며 기운 나도록 격려할 수 있을까?

  (예 "자, 다녀와!", "너라면 할 수 있어!" 등)

- B – 어떤 말이 상대방의 긴장과 불안을 가라앉히고 안심하도록 격려할 수 있을까?

  (예 "무슨 일이 있어도 도와주러 갈게", "결승점에서 기다릴게" 등)

0단계 준비

- 격려하고 싶은 상대는 누구인가? 개인인가? 팀인가?

- 상대방의 목표는 무엇인가? 어떤 목표를 이루려고 하는가?

- 상대방은 어떤 계기로 그 목표를 갖게 되었는가?

- 당신은 상대방과 지금까지 어떤 관계를 맺었고 어떤 마음을 가졌는가?

- 상대방이 목표를 달성한 순간, 당신은 어떤 기분이 들고 어떤 말을 해주고 싶을까?

1단계 수용(사실 받아들이기)

- 상황 – 상대방은 어떤 상황에 처해 있는가?

- 감정 – 상대방의 마음 상태는 어떠한가?

- 공감 – 당신이 상대방의 입장이 되었을 때 공감할 수 있는 부분은 무엇인가?

2단계 승인(시점 전환하기)

- 상대방이 이 상황을 극복하기 위해서 무엇을 깨달아야 하는가?

- A. 무엇으로 발상(동전 뒤집기)을 전환할 수 있는가?

- B. 무엇으로 지금 갖고 있는 것에 주목(퍼즐 조각)할 수 있는가?

3단계 행동(목표 행동으로 끌어주기)

- 한창 실전에 임한 상황에서 상대방이 무엇을 하기 바라는가?

- 부정형을 긍정형으로 변환하기 – 원하는 바를 긍정적으로 표현하고 있는가?

- 상대의 행동 변환하기 – 상대가 해내길 바라는 행동을 알려주고 있는가?

4단계 격려(등 밀어주기)

- 당신은 마지막에 무슨 말로 상대방을 다독여주는가?

- A. 어떤 말이 상대방의 등을 밀어주며 기운 나도록 격려할 수 있을까?

● B. 어떤 말이 상대방의 긴장과 불안을 가라앉히고 안심하도록 격려할 수 있을까?

Practice 02 나의 언어로 펩 토크를 만들어보는 연습

지금 당신이 응원 또는 격려하고 싶은 사람을 떠올려보자. 앞에서 배웠던 4단계에 따라 상대에게 어떤 말을 해주고 싶은지 천천히 써보자.

1단계 수용(사실 받아들이기)

_____

_____

2단계 승인(시점 전환하기)

_____

_____

3단계 행동(목표 행동으로 끌어주기)

_____

_____

4단계 격려(등 밀어주기)

_____

_____

말은 행동을 바꾸고
인생을 바꾼다

펩 토크는 사람의 의욕을 불러일으키는 대화법이다. 하지만 나는 실제로 그보다 더 많은 힘이 여기에 숨어 있다고 본다. 이 책의 앞에서 소개한 미치코 씨처럼 '다시 한 번 멜론 농사를 짓고 싶다!'라는 희망을 버리지 않으면 어떤 역경이든 극복할 수 있다. 격려의 말은 다른 사람의 인생에 희망을 줄 수 있다.

내게는 아다치 세쓰코라는 동갑내기 친구가 있다. 그녀와는 친구의 소개로 알고 지내게 되었는데 서로 마음이 잘 통해서 그녀의 고향인 돗토리 지역 활성화를 위한 프로젝트를 함께 하기로 했다. 이 일 때문에 한동안 전화나 메일 등을 계속 주고받았는데 어느 날부턴가 갑자기 연락이 되지 않았다. 처음에는 바쁜가 싶었는데 두어 달이 지나도록 소식이 없었다. 그러다 오랜만에 그녀로부터 메일 한 통이 도착했다. 그녀가 ALS(근위축성측삭경화증, 루게릭병으로 알려져 있다)라는 병에 걸렸다는 것이었다.

ALS는 원인불명의 난치병인데 뇌의 명령이 근육에 전달되지 않아서 손과 발을 서서히 쓰지 못하게 되고 결국에는 온몸이 마비된다. 또 마지막에 호흡근이 마비될 경우 그대로 죽음을 선택하거나 인공호흡기를 사용해서 연명할 것을 선택해야 하는 무서운 병이다.

그녀의 메일에는 '더 이상 함께 프로젝트를 진행할 수 없어요. 지금까지 고마웠습니다'라는 내용이 쓰여 있었다. 나도 병원에서 ALS 환자의 재활 치료를 담당한 적이 있었기에 친한 사람이 그런 병에 걸린 사실이 무척 충격적이었지만 동시에 매우 난처했다. 이런 상황에서 그녀에게 답장을 어떻게 써야 좋을지 몰랐기 때문이다.

끝났다고 생각한 순간 다시 일어설 힘을 줄 수 있다면

위로를 해야 할까, 격려를 해야 할까? 아직 세 살배기 딸이 있는 그녀와 가족의 앞날이 얼마나 힘들지 상상하는 것만으로 가슴이 찢어질 것처럼 아팠다.

내가 세쓰코를 위해 무슨 일을 할 수 있을까 고민한 끝에 펩 토크를 사용해보면 어떨까 싶었다. 과연 격려의 말 몇 마디가 절망의 구렁텅이에 빠진 사람에게 얼마나 효과가 있을지 그때는 알 수 없었다. 그래도 지금 내가 할 수 있는 일을 해보자고 마음먹고 펩 토크의 4단계를 따라 그녀에게 메일을 썼다.

세쓰코, 힘든 나날을 보내고 있었군요.
갑자기 ALS라고 진단을 받아서 너무나도 슬퍼하고 있지 않나요?

'엠프티 사커empty soccer'라고 해서 발을 절단한 사람이 지팡이를 짚고 하는 축구가 있습니다. 그들은 '한쪽 다리를 잃은 정도로 좋아하는 축구를 그만둘쏘냐? 잃어버린 것을 일일이 세지 말자, 지금 갖고 있는 것으로 최선을 다하자'라는 마음으로 축구를 합니다.

괴로운 일이 있으면 괴롭고 슬픈 일이 있으면 슬픕니다. 이렇게 감정을 느끼는 것은 인간으로서 당연하며 누구도 피할 수 없습니다. 하지만 당신이라면 이런 감정에 압도당하지 않고 자신만의 개성을 반드시 되찾을 때가 올 것이라고 나는 확신합니다.

세쓰코가 힘을 내기를 바라는 마음으로 펩 토크 강연회를 돗토리에서 개최할 예정입니다.
항상 자신의 몸을 소중히 하세요.

그녀는 이 메일을 4인 병실에서 읽었다. 자신의 몸이 점점 마비되어 가족과 주위 사람들에게 폐를 끼치며 살아가야 한다는 사실에 크게 절망한 상태였다.

그녀 역시 나처럼 개호업계에서 일했었기에 간호하는 사람과 간호 받는 사람의 고충을 지나칠 정도로 잘 알았기 때문이다. 살아갈 희망을 잃은 그녀는 사실 자신의 목숨이 다하기 전에 자살하려고 생각하고 있었다. 그러던 중에 내가 보낸 메일을 읽은 것이다.

'괴로운 일이 있으면 괴롭고 슬픈 일이 있으면 슬프다. 이는 인간으로서 당연한 일이다……' 그 말에 그녀는 자기도 모르게 커튼으로 사면이 가린 침대 위에서 오열했다고 한다.

"나는 살아도 될지 몰라. 다시 한 번 살아보자."

내가 보낸 메일을 읽고 그녀의 마음에 불이 붙었다. '나는 살아갈 가치가 있는 사람이야. 나는 살아도 돼.' 이렇게 느낀 것이다. 그로부터 몇 년이 흐른 뒤 현재 그녀는 펩 토크를 소개하는 강연에서 사람들에게 말의 힘을 전하고 있다.

펩 토크는 당신이 인생에서 관계를 맺은 여러 사람들에게 살아갈 힘을 준다. 관계를 맺은 사람들뿐 아니라 당신의 삶도 변화시키는 힘이 바로 그 안에 있다.

말은 행동을 바꾸고 행동은 습관을 바꾸며 습관은 인생을 바꾼다. 펩 토크를 통해서 원래 갖고 있는 힘을 낼 수 있고 의욕이 솟아나서 살아가는 힘도 얻을 수 있다. 격려의 말은 우리 인생에 힘을 불어넣는 원천이다.

할 수 있느냐 없느냐보다 하느냐 마느냐가 중요하다. 지금 갖고 있는 것으로 최선을 다하자.

Let's PEP TALK!

당신의 말에는
분명 힘이 있다

"삼진당하면 야구방망이로 엉덩이를 때려줄 테다!"

소년 시절 야구를 했을 때 감독님이 자주 했던 말이다. 삼진당하지 않겠다는 생각에 집중하며 타석에 섰지만 긴장한 탓에 결국 보기 좋게 실패했고, 그 후의 일은 여러분이 상상하는 그대로다. 감독님은 열심히 하기 바란다는 의미에서 악의 없이 한 말이었겠지만 어린 나는 엄청난 부담감을 느꼈다.

우리는 이런 말을 '푸페ブッペ 토크'라고 부른다. 펩의 반대라서 푸페다('펩'의 가타가나 표기 ペップ를 거꾸로 읽으면 '푸페'가 된다. – 옮긴이 주). 그런데 이 푸페 토크

가 대단한 위력을 발휘하기도 한다. 어느 영업팀은 전체 영업소 400여 개 중에서 성적이 300위 정도였다. 나는 팀원들의 평소 말하는 습관이 부정적인 것이 문제라고 생각해서 앞으로는 누군가가 부정적인 발언을 하면 "푸페야"라고 서로 지적해주도록 권유했다.

예를 들어 "그런 일은 무리야", "가능할 리가 없잖아"와 같은 부정적인 발언을 하면 팀의 사기가 저하된다. 그렇다고 "그런 식으로 말하지 마"라고 지적하면 한층 더 팀의 분위기가 나빠질 수 있다. 이럴 때 부정적인 발언에 대해서 "지금 한 말은 푸페야"라고 하면 어쩐지 웃음이 난다.

센 발음에 사람을 웃게 만드는 힘이 있기 때문이다. 같은 말이라도 발음을 세게 하면 상대를 조롱하는 '바보'나 '멍청이'는 '빠보', '멍쩡이', 야유를 퍼붓는 '부잉booing'은 '뿌잉'으로 들려 자기도 모르게 웃음이 터지고 말 것이다.

'푸페' 운동을 실천하고 6개월 후 그 팀의 성적은 전체 영업소 400군데 중에서 2위로 올라갔다. 푸페라고 해도 화가 나지 않고 분위기도 나빠지지 않게 말하는 습관이 달라진 덕분이다. 말이 달라진 것만으로 팀 전체의 분위기와 행동이 바뀌고 결과까지 달라질 수 있다는 걸 보여준 소중한 경험이었다.

• • •

이처럼 말에는 힘이 있다.

나는 그 사실을 믿고 이 책을 썼다. 원고가 완성됐을 때 가장 먼저 세쓰코에게 보여줬다. 그녀가 원고를 다 읽고 내게 편지 한 통을 보냈다.

다이스케, 원고를 완성하느라 수고했어요. (ᵔ)
막 완성한 따끈따끈한 교정쇄를 보여줘서 감동했습니다! 내 일화를 써준 부분만 먼저 읽었어요. 그때는 죽을 작정이었기 때문에 정말로 죽었더라면 못 읽었을 글이라서 당신에게는 고맙다는 말밖에 할 수 없어요. 정말로 고맙습니다.
원래 당신에게 상대방을 배려하는 친절한 마음이 있기 때문에 그런 펩 토크를 해줄 수 있었던 거예요. 누구나 어른이 되면 허세나 억측, 욕심, 편견…… 이런 것들에 익숙해져서 솔직함이 사라지고 정말로 상대방에게 전해야 하는 것을 전하지 못하게 되잖아요. 나도 병에 걸리기 전에는 그랬습니다. 돈 욕심과 음란마귀가 마음에 가득했죠(웃음). 눈에 보이는 것만 믿고 살았던 것 같아요.

당신의 메일을 읽고 기운을 얻은 덕분에 그때부터 다시 한 번 새로운 마음으로 살 수 있었습니다. 그래서 나는 정말로 운이 좋다고 생각해요! 몸이 마비되면서 당연하게 여겼던 것들이 모두 사라졌기에 허세나 억측, 욕심, 편견도 버릴 수 있었어요.

나에게 남은 시간, 말할 수 있는 동안에 할 말은 대부분을 펩 토크로 만들고 싶습니다. 아쉽지만 시간이 얼마 남지 않았거든요.

사실 강연에서 그 메일에 대해 이야기할 때가 가장 힘듭니다. 이야기하는 동안 괴로웠던 그때로 돌아가니까요. 하지만 그 감정의 진정성이 내 이야기를 들어주는 사람들의 영혼에 닿으면 그들에게도 반드시 펩 토크를 해야겠다는 마음이 생길 것이라고 생각해요!

요즘 들어 ALS의 진행이 빨라진 탓에 기운이 떨어져서 강연 활동량을 고민했지만 활동할 수 있을 때까지는 늘리기로 결심했습니다.

당신에게는 고마운 마음뿐이랍니다! 또 함께 강연하는 날이 오기를 기대할게요. *\(^o^)/*

그녀는 병으로 죽기보다 강연을 열심히 해서 과로사하는 것이 숙원이라고 하며 지금은 전동 휠체어를 타고 전국 방방곡곡을 돌아다닌다. 주어진 시간이 한정되어 있다는 것을 그녀 자신이 가장 잘 알고 있기 때문이다. 이 책을 그녀의 펩 토크로 매듭짓고 싶다.

"우리의 인생은 긴 듯하면서도 짧다.
생각처럼 될 것 같으면서도 안 된다.
하지만 시점을 바꿔보자.
짧으니까 어떻게 더 알차게 보낼 수 있는지를 생각하고, 생각처럼 안 되니까 좀 더 자신답게 살고 싶어 하는 것이다.
그러니 좀 더 진심으로 자신답게 살자.

또 진심 어린 말과 생각으로 가능성을 믿고 부딪치자.

당신은 이미 말의 힘을 손에 넣었다.

자, 지금 주어진 인생을 마음껏 즐기자!"

2017년 6월

우라카미 다이스케

옮긴이 **박재영**

서경대학교 일어학과를 졸업했다. 분야를 가리지 않는 강한 호기심으로 다양한 장르의 책을 번역, 소개하기 위해 힘쓰고 있다. 현재 번역 에이전시 엔터스코리아 출판 기획 및 일본어 전문 번역가로 활동하고 있다. 《YES를 이끌어내는 심리술》, 《순식간에 호감도를 높이는 대화기술》, 《일순간으로 사람에게 호감을 얻는 대화법》 등 다수의 책을 우리말로 옮겼다.

힘내라는 말보다 힘이 나는 말이 있다

초판 1쇄 발행 2018년 3월 20일
초판 2쇄 발행 2018년 4월 11일

지은이 • 우라카미 다이스케
옮긴이 • 박재영

펴낸이 • 박선경
기획/편집 • 김시형, 이지혜, 권혜원, 한상일, 남궁은
마케팅 • 박언경
표지 디자인 • 투에스 디자인
제작 • 디자인원(031-941-0991)

펴낸곳 • 도서출판 갈매나무
출판등록 • 2006년 7월 27일 제395-2006-000092호
주소 • 경기도 고양시 덕양구 은빛로 43 은하수빌딩 601호
전화 • (031)967-5596
팩스 • (031)967-5597
블로그 • blog.naver.com/kevinmanse
이메일 • kevinmanse@naver.com
페이스북 • www.facebook.com/galmaenamu

ISBN 978-89-93635-90-4/03320
값 13,000원

이 도서의 국립중앙도서관 출판예정도서목록(CIP)은 서지정보유통지원시스템 홈페이지(http://seoji.nl.go.kr)와 국가자료공동목록시스템(http://www.nl.go.kr/kolisnet)에서 이용하실 수 있습니다.(CIP제어번호: CIP2018006750)